新——悦

遇见智识与思想

失落文明系列简介

本系列丛书意图探索伟大的古文明的兴衰和古代世界人们的生活。每本书不仅涉及所述文明的历史、艺术、文化和延续至今的影响，还试图解释它们与当代生活的联系以及在当代社会中的重要意义。

该系列已出版

《古希腊人：在希腊大陆之外》

　　［英］菲利普·马特扎克（Philip Matyszak）

《六千零一夜：关于古埃及的知识考古》

　　［英］克里斯蒂娜·里格斯（Christina Riggs）

《携带黄金鱼子酱的居鲁士：波斯帝国及其遗产》

　　［英］乔弗里·帕克（Geoffrey Parker）
　　［英］布兰达·帕克（Brenda Parker）

《从历史到传说：被"定义"的哥特》

　　［英］戴维·M.格温（David M. Gwynn）

即将出版

《蛮族世界的拼图：欧洲史前居民百科全书》

　　［波］彼得·柏迦基（Peter Bogucki）

《众神降临之前：在沉默中重现的印度河文明》

　　［英］安德鲁·鲁宾逊（Andrew Robinson）

《伊特鲁里亚文明》

　　［英］露西·希普利（Lucy Shipley）

多瑙河和亚德里亚堡之战

元 400 年的罗马世界

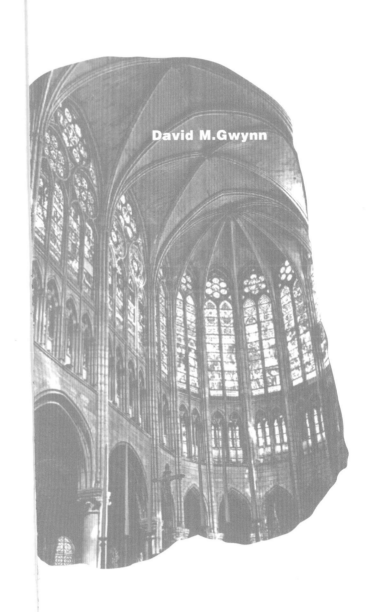

从历史到 The Goths

传说 被『定义』的哥特

David M. Gwynn

〔英〕戴维·M. 格温 — 著

曹磊 — 译

中国社会科学出版社

审图号：GS（2020）5581号

图字：01-2020-2124号

图书在版编目（CIP）数据

从历史到传说：被"定义"的哥特 ／（英）戴维·M.格
温著；曹磊译. —北京：中国社会科学出版社，2020.12
书名原文：The Goths
ISBN 978-7-5203-6816-2

Ⅰ.①从… Ⅱ.①戴…②曹… Ⅲ.①哥特人—民族
历史 Ⅳ.①K508

中国版本图书馆CIP数据核字（2020）第127950号

出 版 人	赵剑英
项目统筹	侯苗苗
责任编辑	侯苗苗　桑诗慧
责任校对	周晓东
责任印制	王　超

出　　版	中国社会科学出版社
社　　址	北京鼓楼西大街甲 158 号
邮　　编	100720
网　　址	http://www.csspw.cn
发 行 部	010-84083685
门 市 部	010-84029450
经　　销	新华书店及其他书店

印刷装订	北京君升印刷有限公司
版　　次	2020 年 12 月第 1 版
印　　次	2020 年 12 月第 1 次印刷

开　　本	880×1230		1/32
印　　张	10		
字　　数	193 千字		
定　　价	82.00 元		

凡购买中国社会科学出版社图书，如有质量问题请与本社营销中心联系调换
电话：010-84083683
版权所有　侵权必究

地图 1 公元 300 年的罗马世界
（注：本书地图均为原书所附，余同。）

地图 3 奔…

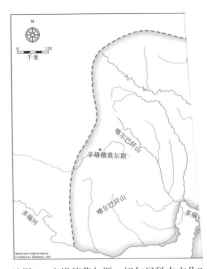

地图 2 辛塔德莫尔斯—切尔尼科夫文化时…

地图 4 公…

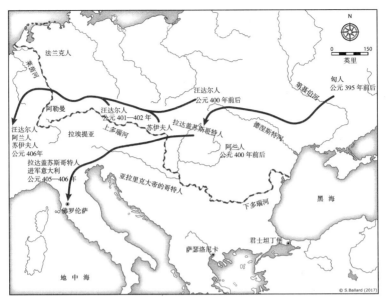

地图5 公元405—406年的危机

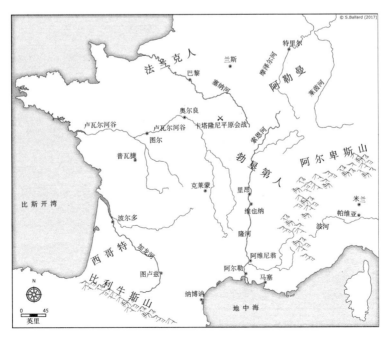

地图6 西哥特人定居在高卢

地图 7 新的世界秩序，公元 500 年前后

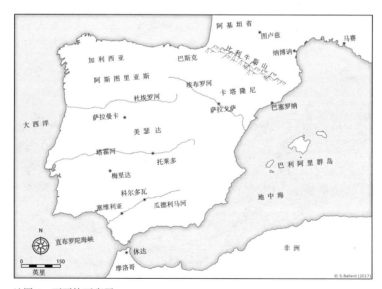

地图 8 西哥特西班牙

前　言

　　这是一本将客观历史与人类想象相交融的书。哥特文明，的确是一种已经失落的文明。最后的哥特王国覆灭在 1300 年以前，我们关于哥特人的多数知识，主要来自那之后出现的各种传奇故事，以及旁观者撰写的文献资料，而非直接来自哥特人自己。

　　哥特人直接影响西方历史的时间非常短暂，只有从罗马帝国灭亡到中世纪这么一小段。然而哥特王国灭亡以后，哥特人的遗产却被继承了下来。从政治自由观念到国家意识，再到不断变化的文学艺术思潮，哥特人留下的历史记忆，乃至"哥特"这个知识本身，都在不断经历着建构、解构和重构。有鉴于此，本书讲述的故事也是将历史上的哥特人，以及作为一种文化遗产的"哥特"，二者相互交融起来。这二者相互交融，在现代世界的形成过程中，发挥过，同时也正在发挥着重要的作用。

　　本书内容大致可分为前后两个部分。前半部分集中关注历史上真实存在的哥特人。他们从具有半神话色彩的起源地，斯堪的纳维亚半岛出发，横穿整个欧洲，一路迁徙到意大利和西班牙。其间无法绕过的重头戏，便是西罗马帝国的覆灭。这也是哥特人在历史上最为人诟病的所在。

公元 410 年 8 月，亚拉里克大帝[1]统帅的军队攻陷罗马城，东哥特王国和西哥特王国随后占据了西罗马帝国留下的土地。本书第二部分的故事，就从东、西哥特王国灭亡，以及哥特人作为一个独立民族从历史上消失讲起。

哥特人销声匿迹以后的若干世纪中，以哥特文化遗产为基础，出现了两套截然相反的话语。意大利文艺复兴将哥特人描述为极具破坏性的野蛮人，与此同时，他们又被建构为勇敢和自由的象征，后一种观念在英国和德国尤为普遍[2]。

就在围绕哥特人的历史叙事和公众认知出现分裂的同时，"哥特"这个文化符号在建筑、影视、音乐乃至流行时尚领域，被演绎出了更多的花样，从真正的旧瓶装新酒到张冠李戴，不一而足。不过，这些打着"哥特"和"哥特式"旗号的知识建构，毕竟拥有一个共同的思想基点。

无论对于今天的我们，还是曾经的先辈，哥特人以及哥特人

---

[1] Alarich，又称亚拉里克一世，西哥特王国的缔造者。
[2] 英国人和德国人同属日耳曼人，日耳曼人与哥特人又存在明显的渊源。

留下的遗产，都将迫使世人不断重新审视文明与野蛮间的关系，反思某些约定俗成的社会常识，考量公众利益与个人自由间的平衡点。[1]

---

[1] 本书的理论基础是知识考古学和系谱学，建议读者参考阅读福柯的相关著作。

大事年谱

年代未知	哥特人从斯堪的纳维亚半岛迁徙而来
公元 98 年	塔西佗撰写完成《日耳曼尼亚志》
公元 250—400 年前后	辛塔德莫尔斯—切尔尼科夫文化时期
公元 340 年前后	乌尔菲拉大主教传播福音
公元 350 年前后	匈人开始进攻哥特人
公元 376 年	哥特人中的瑟文吉 (Tervingi) 和格鲁森尼 (Greuthungi) 两大部族移居多瑙河流域
公元 378 年	亚德里亚堡之战爆发
公元 382 年	瑟文吉和格鲁森尼哥特人在巴尔干半岛定居
公元 390 年前后	马塞林撰写完成《功业录》(Res Gestae)

公元 395 年	狄奥多西一世去世，亚拉里克大帝兴起
公元 401—402 年	亚拉里克大帝率军侵入意大利
公元 402 年	克劳迪安撰写《哥特战争》(*The Gothic War*)
公元 406 年	汪达尔人、阿兰人和苏伊夫人渡过莱茵河
公元 410 年 8 月 24 日	罗马城陷落
公元 411 年	亚拉里克大帝去世
公元 414 年	阿陶尔夫与加拉·普拉西提阿结婚
公元 416 年前后	奥罗修斯撰写完成七卷本的《历史》(*Seven Books of History against the Pagans*)
公元 418 年	西哥特王国建立
公元 440 年前后	萨尔维安撰写完成《论神的统治》(*On the Governance of God*)
公元 451 年	卡塔隆尼平原战役爆发
约公元 455—489 年前后	圣希多尼乌斯·阿波黎纳里斯撰写完成《书信集》(*Letters*)

公元 476 年	西罗马帝国末代皇帝罗慕路斯·奥古斯都被废黜
公元 489—493 年	东哥特人在西奥多里克大帝[1]率领下，侵入意大利
公元 507 年	西哥特国王亚拉里克二世在维埃纳被克洛维一世打败
公元 524 年前后	波爱修撰写完成《哲学的慰藉》(*The Consolation of Philosophy*)
公元 526 年	西奥多里克大帝去世
公元 535—554 年	查士丁尼一世征服位于意大利的东哥特帝国
公元 538 年前后	卡西奥多罗斯撰写完成《信札》(*Variae*)
公元 551 年前后	约达尼斯撰写完成《哥特史》(*Getica*)
公元 551—554 年前后	普罗柯比撰写完成《战记》(*Wars*)

---

[1] 原文中用了个很奇怪的称呼 Theoderic the Amal，这个称呼一般指阿玛娜·希莎，西奥多里克大帝的三女儿，公元 526—534 年在位的东哥特女王，但是对照在位时间，及本书正文讲述的历史，笔者实际指的应该是西奥多里克大帝，英文中一般写作 Theoderic the Great。

公元 568 年	雷奥韦吉尔德即位
公元 589 年	雷卡雷德即位
公元 621—636 年前后	圣依西多禄撰写完成《哥特国王和词源的历史》(*History of the Kings of the Goths and Etymologies*)
公元 649 年	雷克斯文德即位
公元 711 年	伊斯兰文明侵入西哥特人控制下的西班牙
公元 731 年	圣比德尊者撰写完成《英国教会史》(*Ecclesiastical History of the English People*)
公元 800 年	查理曼大帝在罗马加冕
公元 1157 年前后	弗莱辛的奥托撰写完成《双城史》(*Chronicle or History of the Two Cities*)
公元 1160 年前后	巴黎圣母院开始修建
公元 1200 年前后	《尼伯龙根之歌》问世
公元 1220 年	索尔兹伯里大教堂动工修建
公元 1248 年	科隆大教堂动工修建

公元 1350 年前后	意大利文艺复兴开始
公元 1453 年	奥斯曼土耳其人攻克君士坦丁堡
公元 1492 年	格拉纳达宣告投降，西班牙收复失地运动完成
公元 1517 年	基督教新教改革运动开始
公元 1554 年	约翰斯·玛格弩斯撰写完成《哥特与瑞典诸王全传》
公元 1556 年	西班牙国王菲利普二世即位
公元 1568 年	瓦萨里撰写完成《艺苑名人传》（ *Lives of the Most Excellent Painters, Sculptors and Architects* ）
公元 1586 年	卡姆登撰写完成《不列颠尼亚》
公元 1594 年前后	莎士比亚创作完成《泰特斯·安德洛尼克斯》
公元 1605 年	理查德·费斯特根《重建失去的知识》（ *A Restitution of Decayed Intelligence* ）
公元 1642—1651 年	英国爆发内战
公元 1688 年	英国光荣革命

公元 1695 年   坦普尔撰写《英国历史介绍》

公元 1713 年   雷恩出版《论西敏寺》

公元 1715 年   蒲柏撰写完成《流芳百世》（*The Te-mple of Fame*）

公元 1735—1736 年   詹姆斯·汤姆森创作完成《自由》

公元 1740 年代   哥特复兴思潮在英国流行

公元 1748 年   孟德斯鸠撰写完成《论法的精神》

公元 1749 年   以草莓山为基地的文学创作开始

公元 1764 年   沃波尔创作完成《奥特兰托城堡》（*The Castle of Otranto*）

公元 1770 年   珀西创作完成《北方古物》（*Northern Antiquities*）

公元 1774 年   杰斐逊撰写完成《英属美州权利概述》

公元 1776 年   美国《独立宣言》发表

公元 1776—1789 年   爱德华·吉本撰写完成《罗马帝国衰亡史》（*History of the Decline and Fall of the Roman Empire*）

公元 1789 年   法国大革命爆发

公元 1813 年	弗朗西斯科·马丁内斯·玛丽娜创作完成《法庭理论》(*Teoría de las Cortes*)
公元 1816—1818 年	格林兄弟 编纂完成《德国传说》
公元 1818 年	玛丽·雪莱创作完成《弗兰肯斯坦》
公元 1836 年	普金撰写完成《反差》(*Contrasts*)
公元 1840 年	英国新议会大厦动工
公元 1843 年	马什撰写完成《新英格兰的哥特人》(*The Goths in New England*)
公元 1848—1849 年	德国爆发革命
公元 1848—1876 年	瓦格纳创作完成歌剧《尼伯龙根的指环》(*Der Ring des Nibelungen*)
公元 1864 年	金斯利创作完成《罗马和条顿》
公元 1870 年	意大利重新实现统一
公元 1871 年	德国统一
公元 1880 年	科隆大教堂竣工
公元 1897 年	布莱姆·斯托克 创作完成《德古拉》(*Dracula*)

目　录

图 1 东哥特头盔

第 1 章

从传说到历史

公元 376 年夏天，两支日耳曼人[1]小部族，瑟文吉和格鲁森尼哥特人突然出现在作为罗马帝国边疆的多瑙河岸边。这些人原本生活在罗马帝国势力无法触及的环黑海北部沿岸地区，他们此行的目的不是以入侵者的身份劫掠财物，而是以难民的身份寻求庇护。

成千上万的男人、女人和孩子，在多瑙河岸边搭起帐篷安身，与此同时，他们的头领正式向罗马帝国提出入境定居的请求。据同时代罗马历史学家马塞林[2]在《功业录》一书中的记载，这些哥特人向时任罗马帝国东部皇帝瓦伦斯[3]派出代表团，谦卑地恳求后者允许自己的族人能成为罗马帝国的子民。作为对安宁生活的回报，他们可以在需要的时候，为罗马皇帝服兵役。

哥特人到底是什么人？他们来自何方？正如本书所要讲述的那样，这已经是一个持续争论了将近 2000 年的问题。在搜寻哥特人起源的过程中，其实很难将传说和历史明确加以区分。哥特人自己在归附罗马帝国以前，并没有留下任何文献资料，他们对自身文化

---

[1] Germanic，这个概念在古罗马时代包括东哥特、西哥特、法兰克、勃艮第、汪达尔、盎格鲁、撒克逊、诺曼等多个族群。

[2] Ammianus Marcellinus，古罗马历史学家，《功业录》这本书的主要内容是讲哥特人的历史，以及古罗马人和哥特人间的战争。

[3] Valens，弗拉维斯·埃弗利乌斯·瓦伦斯，罗马帝国后期虽然表面维持统一，内部已经存在东西分裂的趋势，出现过二帝共治甚至四帝共治的情况。瓦伦斯和时任罗马帝国皇帝的弗拉维斯·瓦伦提尼安即为共治皇帝，前者主要控制罗马帝国东部地区。

的传承，采取口口相传的形式。

出自罗马人之手的其他史料，则毫无悬念地对这些威胁到帝国安全、被统称为"日耳曼人"的蛮族，采取了敌视立场。马塞林在这方面的叙述虽说相对客观，不过他能够提供的关于哥特人的信息，却很少有早于公元 4 世纪下半叶以前的。要想追溯哥特人归附罗马帝国以前的历史，我们能够参考的史料，主要来自一本由哥特人约达尼斯撰写的名为《哥特史》的书。

约达尼斯并非属于蛮族意义上的哥特人。他虽然对自己的哥特血统拥有强烈的自豪感，实际却精通希腊语和拉丁语，撰写过多部以古罗马为主题的著作，只可惜很多目前已经失传。

公元551年前后，约达尼斯在君士坦丁堡[1]编纂完成《哥特史》。虽然约达尼斯叙述的是瑟文吉和格鲁森尼哥特人抵达多瑙河沿岸以后，将近 180 年间的历史，然而他所处的时代语境，决定了他对哥特历史的讲述必然会受到同时期各种以"哥特"为主题的历史知识制约[2]。尽管如此，他留下的文本仍然为我们审视哥特人如何建构他们自身的早期历史、如何将古罗马人的文字史料与哥特人的口头

---

[1]　Constantinople，拜占庭帝国首都，被奥斯曼土耳其人攻克后，更名为伊斯坦布尔，这座城市的陷落，标志着东罗马帝国的终结。

[2]　作者这里阐述的是一个历史叙事学的命题，即历史是人为构建出来的文本，历史讲述者本身的知识结构会制约他对文本的构建，也就是通常所说的"一切历史都是当代史"。

历史相结合形成一套历史叙事、如何通过这套历史叙事影响了随后所有以"哥特人"及"哥特人的起源"为主题的话语生产，提供了最清晰的参照。

> 北方极地范围内，有一片辽阔的海，海里有座岛，名叫斯堪的纳维亚。以上帝之名，我所讲述的故事，就要从那座岛开始。你希望了解的那个族群，正如嗡嗡作响的蜂群，在这座岛上被孕育出来，随后才逐渐向欧洲内陆迁徙。
>
> 《哥特史》第 1 章[1]

斯堪的纳维亚半岛，被约达尼斯形容为孕育了多个族群的蜂巢，或者孕育了多个国家的子宫。这座岛不仅是哥特人的发源地，也是欧洲很多族群的发源地。它位于大洋的北部，正对着维斯瓦河入海口。维斯瓦河流经现在的波兰，最终汇入波罗的海。约达尼斯所说的"scandza"岛，大致就是我们现在所说的斯堪的纳维亚半岛。

古代哥特人以这座岛为起点，开始了长途迁徙。经过在岛上的数代繁衍，他们在菲利莫首领[2]的统率下，前往欧洲南部，寻找更

---

[1] 原书作者引用的《哥特史》原文出自英文版，中文版《哥特史》则依据德文版翻译而来，这两本书的章节划分并不完全一样。

[2] king Filimer，据《哥特史》记载，他是第 5 任早期哥特首领。

图 2 《哥特人渡河》，埃瓦利斯特·维塔勒·卢米纳伊斯（Évariste Vital Luminais），19 世纪晚期，油画

肥沃的土地定居。这次迁徙过程中，哥特人走到了西锡厄西部[1]，大致相当于今天乌克兰境内，定居在本都海[2]附近，古罗马人称这片海为黑海。

哥特人在新的家园生息繁衍。他们是勇敢的战士，也是勤劳的农夫，在族长的带领下以村为单位过着集体生活。约达尼斯在《哥

[1]　western Scythia，古代欧洲以黑海北岸为中心的地区。
[2]　the sea of Pontus，这个说法源自古希腊语，即宜人的海。

特史》中简略谈及了哥特人皈依基督教以前的宗教信仰。他们尊崇祖先中的英雄人物，同时还特别崇拜战神，古罗马人将这位战神称为马瑞斯。出于对战神的崇拜，哥特人将武器悬挂在大树上，以俘虏作为祭品，向战神献祭。

约达尼斯在书中暗示，早期哥特人的宗教信仰与后来斯堪的纳维亚半岛流传的各种神话传说，存在某种相似性。直到今天，这样的相似性仍然能够引发人们的丰富联想。

哥特人的宗教仪式虽然存在某些野蛮的成分，但这并不意味着他们缺乏对哲学的研究和传授。约达尼斯认为哥特人在逻辑学、天文学和植物学领域，都取得了一定的成绩。正如《哥特史》所说：

> 有鉴于此，哥特人比其他蛮族都要聪明，文明程度最接近希腊人。

> 《哥特史》第 5 章

《哥特史》接下来的叙述脉络便是从哥特人定居西锡厄，一直讲到约达尼斯本人生活的公元 6 世纪中叶，这可以说是个了不起的成就。抛开约达尼斯作为哥特人，可能会替本民族历史文过饰非的问题不谈，他对早期哥特历史的叙述存在两处重大失误。这两处失误对后世学者产生了深远的影响。

第一处失误在于，他将哥特人的早期神话传说与生活在同时期同地域的其他民族，例如西锡厄人和达契亚人[1]以及其他被统称为日耳曼人的故事，混淆在了一起。产生这样的问题，主要原因在于，哥特人出现以后的几个世纪当中，"哥特"这个概念被无差别地用于泛指各类日耳曼蛮族。由此产生的后果，本书后文还会有详细介绍。

第二处失误在于，约达尼斯错误地将哥特人简单划分为东哥特人和西哥特人。并认为这样的划分在哥特人归附罗马帝国以前，即生活在黑海北岸的西锡厄时便已经存在：

> 一部分哥特人信奉东正教，他们的国王名叫"Ostrogotha"，这些哥特人就根据国王的名字，也可能是他出生地的地名，称自己为"东哥特人"。另一部分哥特人则被称为"Visigoths"，也就是西哥特人的意思。
>
> 《哥特史》第 14 章

编纂《哥特史》是在公元 551 年前后，当时西哥特人统治着今天的西班牙，栖身意大利的东哥特人则正同东罗马帝国，也就是拜占庭帝国，处于交战状态。隶属拜占庭阵营的约达尼斯因此想当然

---

[1] Dacians，生活在今罗马尼亚的古代民族，后被古罗马人征服同化。

地认为，这种敌我划分清晰明了，且已经存在了很长时间。

他的这种划分方式流传开去，后人便自然而然将瑟文吉哥特人等同于西哥特人，将格鲁森尼哥特人等同于东哥特人。同时还认为公元376年迁徙到多瑙河流域的只有西哥特人，东哥特人则留在了西锡厄。然而正如我们将要看到的那样，真实的历史远比约达尼斯的叙述复杂许多。迫使哥特人归附罗马帝国的那次历史事件，同时也打破了他们既有的族群划分，新的排列组合由此逐渐生成。

尽管存在种种局限性，约达尼斯对哥特早期历史的广泛描述，仍然具有极大的说服力。例如，关于哥特人起源于斯堪的纳维亚半岛的结论，迄今为止，虽然依旧是个既无法被证实，也无法被证伪的命题；不过我们目前已经了解到的少量早期哥特部落时期的风俗习惯，却可以跟约达尼斯的叙述相互印证。

对于那些曾经生活在多瑙河和黑海以北地区的哥特人，我们已经取得了重要且可靠的考古发现。通过从罗马尼亚到乌克兰南部发掘得到的考古实物，可以证实，公元3世纪中叶到公元4世纪，有一种具有高度连续性的文明形式曾在这个地区繁荣发展。这种文明形式，现在被命名为辛塔德莫尔斯—切尔尼科夫[1]文化时期。

1900年代早期，位于特兰西瓦尼亚[2]中部的辛塔德莫尔斯，以

---

[1] Sîntana de Mures-Cernjachov，辛塔德莫尔斯位于今罗马尼亚境内，切尔尼科夫位于今乌克兰首都基辅附近。

[2] Transylvania，这个地方原本是个独立国家，后在1920年并入罗马尼亚。

及基辅附近的古代墓穴群陆续得到发掘。第一批被发掘的墓穴中，与辛塔德莫尔斯—切尔尼科夫文化存在关联的超过 3000 座。这些墓穴出现的时间，可以和公元 3 世纪早期哥特人控制这个区域的时间相吻合。它们能够为我们了解早期哥特社会提供宝贵的信息。

目前发现的早期哥特人定居点遗迹，大多位于河谷当中或者河谷附近，具有农耕文明的典型特征。建房的材料通常是木材和泥土，而不是石头。有时候，人的住所和蓄养牲畜的场所还会被安排在一起。他们种植的庄稼都属于常见的品种，尤其是小麦、大麦和黍子这三种。定居点遗迹中，经常出土铁制的铧犁、普通镰刀和长柄大镰刀。依据发掘到的动物骨骼可以得出结论，哥特人最喜欢蓄养的牲畜是牛，其次还包括绵羊、山羊和猪。骑马和狩猎并非哥特文化的核心内容。

众多坟墓的发掘展示了大量有关哥特人丧葬习俗的实例，他们安葬死者的方式逐渐由火葬向土葬过渡。辛塔德莫尔斯—切尔尼科夫文化时期墓葬中，数量最多的陪葬品是储物用的陶罐，做饭用的陶锅以及敞口、浅底的大碗，这种碗可能是喝酒用的。

某些被发现的陶瓷碎片上带有日耳曼如尼文字母[1]，以双耳细颈瓶为代表的古罗马风格陶器也很常见。早期哥特人随葬的私人物

---

[1]　Germanic runes，北欧古代文字。

品种类丰富，包括骨质的梳子、金属质地的胸针和扣环，有意思的是，各种形式的武器却非常罕见。陪葬品的质量，标志着每个人生前的经济和社会地位，普通人拥有的胸针和扣环等金属制品，大多为青铜质地。来自上流社会的死者，则可以使用各种白银质地的装饰品。

通过这些考古发掘获得的证据，我们可以得出宽泛却重要的结论，即生活在辛塔德莫尔斯—切尔尼科夫文化时期的哥特人，无疑是一个过着定居生活的农耕民族。多数人从事农业生产，手工业很可能主要以本地自产自销的形式存在。他们的很多村子同时都配备了制陶作坊、铁匠铺，还有服务于同村人的纺织和篾匠作坊。

早期哥特人墓穴中出土的陪葬品仍然有两个门类，也就是陶器和以青铜器、银器为代表的金属制品，体现出跨文化的特征。它们很可能是通过贸易，特别是通过跟古罗马帝国间的贸易获得的。产自古罗马的双耳细颈瓶和玻璃制品被出口到哥特人的领地，用于换取奴隶。到了公元 4 世纪，在当时作为古罗马帝国东部边境的多瑙河沿岸，以古罗马货币为媒介的贸易出现了大幅度的增加。

今天的我们以"辛塔德莫尔斯—切尔尼科夫文化"这个概念，来概括当时的哥特文明，然而这并不意味着在那个时代，从多瑙河以东直到黑海北部地区的广阔范围内，曾经存在过统一的社会文化和政治体系。这个区域范围内，不同族群丰富多样的居住、丧葬和手工业文化说明他们是一个分享着某些共同文化价值观念，同时又具有广泛多样性的族群联合体，哥特人无疑在这个联合体中占据着主导力量。

辛塔德莫尔斯—切尔尼科夫文化的繁荣阶段是从公元 3 世纪中叶到公元 4 世纪晚期，其中很长一个时间段，都可以在记载古罗马与哥特交往历史的文献中找到相关记载。

很可能是在临近公元 2 世纪末的时候，哥特人开始向南迁徙到西锡厄，然后跟罗马帝国发生了被称为"公元 3 世纪危机"（third century crisis）的那场冲突。公元 238 年，哥特人攻陷了位于多瑙河河口的希斯特里亚[1]。双方随即开始了断断续续长达十年的战争。公元 251 年，这场战争最终以"阿伯里图斯战役"（the battle of Abrittus）的形式收关。哥特人在首领尼瓦 (Cniva) 率领下，打败了罗马军队，杀死了罗马皇帝德基乌斯[2]。这位罗马皇帝因为他的反基督教立场闻名于世，他的死因此被认为是上帝的旨意。

随后的 20 年当中，哥特人凭借很可能是从罗马帝国黑海北部沿岸城市劫掠来的船只，组建了海军部队，进而从水路袭击位于今天土耳其境内的比提尼亚（Bithynia）和卡帕多西亚（Cappadocia）。

公元 253—268 年在位的罗马皇帝伽利恩努斯（Gallienus），公

---

[1] Histria，位于今罗马尼亚。
[2] Decius，盖乌斯·麦西乌斯·昆图斯·德基乌斯。

元 268—270 年在位的伽利恩努斯二世（Gallienus Ⅱ），以及公元
270—275 年在位的奥勒良[1]前仆后继，陆续取得了对哥特人作战的
几次胜利，将他们驱逐到了巴尔干半岛。伽利恩努斯皇帝凭借他的
功绩，获得了"哥特征服者"（Gothicus）的名号。时间到了公元 3
世纪末，罗马帝国的边境终于恢复了稳定。不过与此同时，哥特人
也在位于多瑙河以北的土地上牢牢扎住了根。

图 3　公元 3 世纪，科韦利（Kovel）的箭头，出土于乌克兰西北部，箭头上哥特
如尼文的含义可能是"目标骑手"

公元 4 世纪上半叶，形势有了好转，虽然偶尔爆发冲突，哥
特人与罗马人之间还是维持了长期的和平状态。君士坦丁大帝[2]即
位后，在公元 312 年成了历史上第一位皈依基督教的罗马皇帝。他

[1] Aurelian，他在位期间最终解决了"公元 3 世纪危机"。
[2] Constanine，指君士坦丁一世。

当上皇帝以后，随即为争夺帝国控制权，同位于东部的竞争者李锡尼[1]爆发了内战。

哥特人在这场内战中支持了李锡尼，后者被打败以后，他们因此和君士坦丁大帝发生了冲突。一支哥特人的军队在战争中被全歼，双方随后签订和平协议，划分各自的势力范围。约达尼斯在《哥特史》中对这段历史只字未提，反而信口开河地说"君士坦丁大帝在哥特人的帮助下，建造了那座以他的名字命名的著名城市[2]"。

哥特人与罗马人相安无事的状态，从那以后维持了 30 年。直到公元 360 年代，哥特人再次在罗马帝国的内部纷争中，支持了战败的一方。公元 364 年，瓦伦斯（Valens）即位成为东罗马帝国皇帝，与此同时，他的哥哥瓦伦提尼安一世（Valentinian Ⅰ）即位成为西罗马帝国皇帝。

公元 364 年，瓦伦斯皇帝挫败了企图篡权的普洛科披乌斯[3]，随即将矛头指向支持后者的哥特人。从公元 367 年到公元 369 年，瓦伦斯皇帝对哥特人发动了一系列战争，虽然没能取得决定性的胜利，却严重破坏了哥特人的商业贸易和农业生产，最终迫使他们签订新的和平协议。

---

[1]　Lincinius，当时罗马帝国出现了东西南北四帝共治的情况，李锡尼是东部皇帝。

[2]　即君士坦丁堡，今伊斯坦布尔。

[3]　Procopius，公元 364 年，他在君士坦丁堡发动武装政变。

历史学家马塞林明确记载，同瓦伦斯皇帝爆发战争的是瑟文吉哥特人，最终代表他们签订和平协议的是阿萨纳里克酋长（chieftain Athanaric）：

> 一块适宜的地方被选中，用来签订和平协议。阿萨纳里克酋长声称，他曾在父亲的要求下，发过重誓，此生再不踏足罗马帝国的土地。在这种情况下，他不可能去罗马帝国境内参加谈判，罗马皇帝当然也不可能屈尊前往哥特人的控制范围。折中的结果是，双方隔着一条河，展开和平谈判。罗马皇帝由侍从护卫着，站在河的一边，阿萨纳里克酋长带着他的人，站在另一边。
>
> 《功业录》

最起码是在公元 3 世纪上半叶，哥特人与罗马人之间维持了长期的和平状态。这也就可以理解，为什么瑟文吉和格鲁森尼哥特人会在公元 376 年来到多瑙河畔，向罗马帝国寻求庇护。这些哥特人对古罗马文化并不陌生，他们当中的很多人曾在罗马军队中服役。两支哥特部族的首领对强大的罗马帝国，保持着相当的敬意。他们相信，融入罗马社会可以为自己的族人带来很多好处。相应地，罗马人则将哥特人视为令人生畏的战士，希望将这些战士招入麾下为帝国的利益服务。

公元 332 年和公元 369 年签订的两次和平协议，确保了罗马人与哥特人之间维持正常的贸易和交往。考古发掘得到的证据可以说明，来自罗马的货币和手工艺品曾在辛塔德莫尔斯—切尔尼科夫文化所属区域内广泛流布。这之后的几个世纪，哥特人进入罗马帝国境内，四处迁徙。在这个过程中，他们不断与罗马统治者发生冲突，双方紧张关系持续升级。与此同时，日后出现在高卢、意大利和西班牙这三个地方的哥特王国也在悄然成型。

值得注意的是，早在公元 370 年代哥特人逐渐迁入罗马帝国境内以前，他们当中的很多人就已经舍弃了祖先的宗教信仰，皈依基督教。公元 250 年代至公元 260 年代，哥特人曾横渡黑海组织远征，大量战俘沦为奴隶，这其中就包括来自比提尼亚和卡帕多西亚两地的基督徒。

被尊奉为"哥特使徒"（apostle to the Goths）的乌尔菲拉[1]大主教就是奴隶的后人，公元 340 年前后，他成了哥特人群体中的第一位大主教。这位大主教同时精通希腊语、拉丁语和哥特语三种语言，他以希腊字母为基础，结合拉丁文字母以及如尼文字母的特点，发明了最原始的哥特文字母，后来将《圣经》翻译为哥特文。

---

[1]　Ulfila，即 bishop Ulfilas，被认为出生在位于今土耳其东南部的卡帕多西亚。

根据公元 5 世纪一位名叫菲罗斯托尔吉乌斯[1]的作者在《教会史》（*Ecclesiastical History*）一书中的记载，乌尔菲拉大主教将《圣经》除《列王纪》以外的全部内容，都翻译成了哥特文：

> 这么做的原因是因为《列王纪》包含了太多关于战争的历史，哥特人是个好战的民族。他们需要抑制自己的嗜血冲动，而不是进一步刺激它。

哥特文《圣经》的只言片语在《新约》和《旧约》中都有所保存，其中却不包含《列王纪》的内容。

凭借自己在传播福音过程中的不懈努力，公元 4 世纪中叶，乌尔菲拉大主教获得普遍支持。君士坦丁大帝去世后，他先后从即位的君士坦丁二世[2]，以及接替君士坦丁二世的瓦伦斯皇帝那里，获得资助。这期间，随着罗马人和哥特人间摩擦的频繁发生，某些更传统的哥特人开始将外来的基督教视为一种危险因素，乌尔菲拉大主教和他的追随者因此遭到驱逐。

即便如此，公元 370 年代，归附罗马帝国的瑟文吉和格鲁森尼

---

[1] Philostorgius，生活在公元 368—439 年，基督教历史学家，他留下的信息非常有限，西方学者通常认为他可能只是位业余的历史研究者，成年后定居君士坦丁堡。
[2] Constantius Ⅱ，公元 337—361 年在位。

哥特人，信仰的还是乌尔菲拉大主教传播的基督教。基督教的共同信仰就像一把"双刃剑"，帮助他们拉近了与罗马人间的距离，同时也带来了相应的问题。乌尔菲拉大主教是一位著名的"反三位一体主义者"[1]，他认为圣子虽然跟圣父存在很多相似性，却不能完全等同于后者。

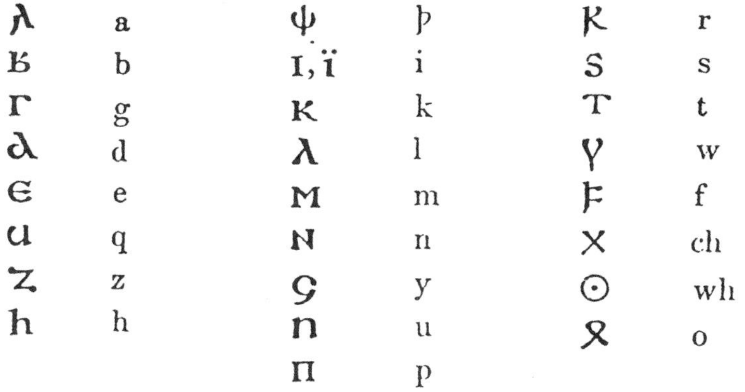

ᛚ	a	ᛦ	þ	ᛱ	r
ᛒ	b	ᛁ,ï	i	ᛋ	s
ᛓ	g	ᛕ	k	ᛐ	t
ᛛ	d	ᛚ	l	ᛩ	w
ᛖ	e	ᛙ	m	ᚨ	f
ᛉ	q	ᛜ	n	ᛪ	ch
ᛎ	z	ᛝ	y	⊙	wh
ᚺ	h	ᚾ	u	ᛯ	o
		ᚦ	p		

图 4　乌尔菲拉大主教发明的哥特文字母（表）

　　君士坦丁二世和瓦伦斯皇帝先后即位后，这样的观点获得了东正教的支持。然而在公元 4 世纪末，同样的观点在罗马教会那边[2]

---

[1]　Homoian，主流基督教认为圣父、圣子、圣灵三位一体，三者是合一的，地位相同。

[2]　the Roman Church，指以梵蒂冈为代表的正统天主教。

却遭到了谴责，被视为"阿利乌异端"（Arian heresy）的重现，"阿利乌异端"这个说法源自传说中的异端，埃及牧师阿利乌[1]。哥特人因此被多数罗马人视为异教徒，与持相同信仰的其他日耳曼蛮族，例如汪达尔人是一丘之貉。这样的宗教信仰差异，将对随后由日耳曼蛮族建立的诸多王国历史产生深远影响。

公元4世纪罗马人与哥特人虽然时常发生龃龉，大方向上还是维持了相对的稳定。辛塔德莫尔斯—切尔尼科夫文化遗迹表明，这个时期，黑海北部地区的哥特人社会体现出了丰富的多元性。既然如此，又是什么原因迫使瑟文吉和格鲁森尼哥特人在公元376年，踏上危险的旅程，前往多瑙河沿岸呢？

总体而言，哥特人属于农耕民族。公元376年，迁徙到多瑙河沿岸的那批难民，他们当中平民与军人的比例为4:1或5:1。这些人的迁徙，并非出于自愿，迫使他们背井离乡的是一群新的、可怕的敌人——匈人[2]。

就像更晚些时候的蒙古人一样，匈人是一支强大的游牧民族。他们向西横扫整个俄罗斯，侵入欧洲腹地，任何阻挡在他们马前的

---

[1] Arius，公元250—336年任埃及亚历山大主教，主张圣子的地位应该次于圣父，因此被主流基督教视为异端。

[2] the Huns，这个概念在学术界存在争议，有人认为huns指的就是中国历史上同西汉发生过长期战争的匈奴，他们战败以后，转而向西拓展势力，也有人认为欧洲人说的huns跟中国历史上的匈奴并不能完全等同，本书作者采纳的是后一种观点。

其他民族要么被消灭，要么被驱逐。匈人本身就是个谜，他们的起源和文化存在很大未知性。匈人没有自己的文字，历史上关于他们的记载也只是有限几个人的名字。

本书参考的关于匈人的史料，主要出自罗马人和哥特人之手，他们并不完全了解草原上的游牧生活。实际情况和以著名历史学家马塞林为代表的看法相反，游牧民族每年依据不同季节驱赶着自己的畜群，在草原上四处游走。马背上的生活赋予了匈人高度的机动性和忍耐力。与此同时，凭借特殊的制造工艺，他们的弓箭射程远，侵彻力强。

学者们原先推测，匈人和匈奴人（Hsiung NU）间存在渊源。匈奴人是一支强大的蒙古人种，游牧部落联盟，曾经和汉朝时期的中国在公元元年前后，发生过长期的战争。类似这样的想法，现在看来是不可能的，因为历史上的匈人和中国史料中记载的匈奴，并不能完全吻合。不过，仍然存在这样的可能性，匈人是从古代传统地理意义上"东方"这个范围以外的地方迁徙而来的。

毫无疑问，匈人是古罗马帝国有史以来遭遇的最危险的草原民族。不同于类似哥特人这样传统的日耳曼蛮族，对罗马人而言，匈人更加陌生，言行也显得更加没有人性。约达尼斯在《哥特史》中记载，匈人是那些遭到早期哥特人驱逐的巫师与西锡厄旷野中的精灵相互结合的产物。即便是立场相对公允的马塞林，也没有掩饰他对匈人的偏见：

> 匈人身材矮小，四肢发达，脖子短促，外貌丑得异乎寻常，
> 可以说就是一群直立行走的动物。他们的模样，就像用桥头常
> 见的那种矮树桩随手雕刻出来的一样粗陋。
>
> 《功业录》

匈人对哥特人的冲击可以说是灾难性的。由于这段历史发生在远离罗马帝国边境的地方，我们对它的了解因此非常零散，只能借助马塞林的记载了解大致的情况。

这段历史开始在公元 350 年前后，匈人打败了居住在黑海东北部顿河沿岸的阿兰[1]人。与阿兰人比邻而居的瑟文吉哥特人因此受到威胁。时任瑟文吉酋长的厄门阿瑞克（Chief Ermenaric）率领族人进行了长时间的抵抗，最终却徒劳无功。据说，这位酋长最后的结局，要么是向敌人投降了，要么是独自自杀了，要么就是以自己为祭品在神面前谢罪。

他的继任者酋长维西米尔（chief Vithimir）在战斗中阵亡。瑟

---

[1] Alan，古代占据黑海东北部和西伯利亚西南部的寒温带草原游牧民族，司马迁在《史记》中称为奄蔡国。

图 5　《匈人》，阿尔封斯 · 德 · 纽维尔（Alphonse de Neuville），19 世纪插图

文吉哥特人只能就此背井离乡，向德涅斯特河[1]流域撤退。在那里，他们与阿萨纳里克酋长率领的格鲁森尼哥特人会合。正是后者在公元 369 年，代表两支哥特部族与瓦伦斯皇帝举行了谈判。

阿塔纳里克酋长最初的打算是对匈人发动反击，却遭到族人坚决反对。最后，这些人索性舍弃了酋长自顾自地先跑到了多瑙河流域。曾经控制黑海北部地区，如今却只剩下残兵败将的瑟文吉哥特人随后也追了过去。舍弃家园的瑟文吉和格鲁森尼哥特人，由此进入了西方历史的视野范围。某些留在家乡没走的哥特人沦落到了匈人的铁蹄之下。直到公元 450 年代，匈人的统治土崩瓦解，这些哥特人才东山再起，建立了东哥特王国。

毋庸置疑，正是匈人的入侵，迫使瑟文吉和格鲁森尼哥特人向西迁徙，进而来到罗马帝国境内寻求庇护。然而值得注意的是，匈人当年实际并没有向多瑙河沿岸乘胜追击这两支哥特部族。据马塞林《功业录》记载，直到公元 4 世纪晚期，对罗马人而言，匈人仍旧属于遥远的传说。

历史上，匈人统治的核心始终维持在黑海的北部地区和东部地区。公元 376 年，瑟文吉和格鲁森尼哥特人来到罗马帝国边境时，实际也并未受到任何攻击。了解了这段往事，我们便可以窥见历史

---

[1] the river Dniester，发源于东喀尔巴阡山脉罗兹鲁契流经乌克兰和摩尔多瓦两国，注入黑海。

背后的某些隐情。当哥特人派出代表团,请求进入罗马帝国境内寻求庇护时,瓦伦斯皇帝正远在叙利亚境内的安提阿,他手下的军队则主要被投放在东部地区,用于对付波斯帝国。

眼看超过 10 万人的男女老少主动送上门来,瓦伦斯皇帝犹豫了很长时间。就像今天的欧洲国家一样,古罗马帝国拥有漫长的吸收移民的历史。哥特人作为潜在兵员,向来非常受欢迎。然而这么多人突然涌入,毕竟是个威胁。特别是在罗马帝国东部军队的主力被投放在波斯帝国方向的前提下。顺便说一句,由于一系列悲剧性的失误和误判,这支军队在公元 378 年 8 月的亚德里亚堡之战中,遭遇了惨败。

秉持着传统的瓦解和分化策略,罗马人最初的反应是想将瑟文吉和格鲁森尼哥特人区别对待。也就是说,只允许瑟文吉哥特人使用筏子和独木舟渡过多瑙河,进入罗马帝国境内。遗憾的是,仅仅供养和控制这些瑟文吉哥特人,就当时的情况来说,也远远超出了罗马人的能力范围。

据马塞林记载,瑟文吉哥特人自从背井离乡以后,就再没获得过可以耕种的土地,某些罗马地方官员试图通过在哥特人当中人为制造饥荒,达到自己的某些目的。作为针对这种不公平待遇的回应,公元 377 年年初,瑟文吉哥特人在弗里提格伦酋长(chief Fritigern)的率领下,发动起义。留在多瑙河东岸的格鲁森尼哥特人趁势响应，渡河支援同族。

随后为期一年的时间里，双方连续爆发了若干场无关大局的战斗，罗马人和哥特人互不相让，互有损失。直到公元 378 年，罗马帝国方面做出回应，瓦伦斯皇帝来到君士坦丁堡，调集了当时所有可以调集的兵力准备出兵镇压。与此同时，瓦伦斯皇帝的侄子，后来接替瓦伦斯皇帝的兄弟瓦伦提尼安成为罗马帝国西部皇帝的格拉提安（Gratian），也率大军向东进发，赶来增援。

据说是因为嫉妒自己这位人气更高的侄子，再加上格拉提安率领的援兵因为某种原因中途出现了耽搁，得到错误情报、认为哥特起义军只有 1 万多人，自己手下的部队可以两个打一个的瓦伦斯皇帝，没有等援军到来，便带着自己手下的人抢先上阵了。

公元 378 年 8 月 9 日，瓦伦斯皇帝在亚德里亚堡附近遭遇了哥特人的大军。马塞林描述了当时的严峻情况：

> 蛮族的眼中喷吐着怒火，追击那些抱头鼠窜的敌人，后者的血，因恐惧而变得冰凉。有些人倒在了战场上，却根本不知道袭击来自何方，有些人死于战友的踩踏，有些人则死于战友误伤。
>
> 继续反抗已经没有意义，放下武器却也不能获得对手怜悯。地上躺满了垂死的人，这些人因难以忍受伤痛折磨而兀自呻吟。战马也不能幸免于难，到处都是它们的尸体。

　　黑夜降临，天上没有月亮，这场悲剧总算画上了句号，罗马人付出了惨重代价。有消息说，皇帝本人也中了一箭，当场就死了。皇帝阵亡的时候，没人看到过他，也没人在他身边，他的尸体也从未被找到，有可能是和那些普通士兵的尸体混到一起了。

《功业录》

　　双方在这场战役中投入兵力的具体规模，如今只能全凭想象，不过罗马人的损失应该在 1 万—2 万人，其中包括瓦伦斯皇帝。马塞林将这场战役与公元前 216 年发生的坎尼[1]会战，相提并论。那场战役中，汉尼拔率领的迦太基军队，重创了罗马共和国[2]的大军。

　　亚德里亚堡战役的规模可能没有后者那么大，影响却更加重大且深远。虽然这场战役只是那位在战场上阵亡的罗马帝国东部皇帝，率领的罗马帝国东部军队的一次局部性惨败，它所产生的连锁反应，最终导致了整个罗马帝国的分崩离析，以及西罗马帝国的覆灭。

　　对瑟文吉和格鲁森尼哥特人来说，这场战役的胜利，起码让他们在罗马帝国的土地上暂且获得了立足之地。然而，他们的未来仍

---

[1]　Cannae，古罗马城市，在今意大利东南部，巴列塔附近奥凡托河入亚得里亚海口处。

[2]　the Raman Republic，公元前 509—前 27 年古罗马实行共和制，没有皇帝。

然充满未知性。无法真正安居乐业的移民们，仍然处于一种混乱状态，仍然在寻找着安全感和一片属于自己的土地。这种未知性，将在未来的若干年中产生戏剧性的影响。

第 2 章

亚拉里克大帝和罗马帝国的崩溃

公元 378 年亚德里亚堡战役的胜利，为哥特人在罗马帝国的边境地区赢得了宝贵的立足之地。获得立足之地以后，他们的长期计划是进一步寻找安全保障。

渡过多瑙河进入罗马帝国的这批哥特人，并非单一族群，而是若干个被共同的威胁、共同的文化、共同的经历以及共同的社会和政治体制凝聚起来的小族群。当他们试图在巴尔干重建家园时，哥特人发现，自己就像一只楔子，钉在罗马帝国东西两个部分的中间。与此同时，北方的某个地方，那些将瑟文吉和格鲁森尼哥特人驱离家园的匈人，仍旧虎视眈眈。就是在如此极端危险的背景下，名叫亚拉里克的酋长，成为哥特人的新首领。就在这位酋长登上宝座的同时，哥特人向着西边的意大利又一次开始迁徙。

经历了与罗马帝国西部政权一次又一次失败的谈判，公元 410 年 8 月 24 日，哥特人攻陷了罗马城。随后几个世纪当中，"攻陷罗马城"成了哥特蛮族的代名词。这次行动也为后来罗马帝国的崩溃、西罗马帝国的覆灭，埋下了伏笔。对亚拉里克大帝本人来说，攻陷罗马城的功绩既让他成为一段传奇，也让他为子民寻找一片永久定居地的梦想彻底沦为空想。

作为亚德里亚堡战役的直接后果，瑟文吉和格鲁森尼哥特人轻松地横扫了整个巴尔干半岛。他们最终的目标非常明确，就是君士坦丁堡。然而这座城市的城墙却挡住了哥特人的攻势，令他们铩羽而归。马塞林的《功业录》写到这里就结束了。

罗马人对这次惨败的反应，毫无悬念地慢了半拍。虽然东部军队遭到重创，连皇帝都阵亡了，此时罗马帝国西部的军队在格拉提安的统率下，却依然齐装满员。公元 379 年 1 月，格拉提安任命狄奥多西一世[1]（公元 379—395 年在位）接替了瓦伦斯。这两位皇帝齐心协力，想要阻挡住哥特人的攻势。

哥特人的军队虽然难以战胜，但那些随军迁徙的普通男性、女人和儿童却在遭受食物短缺的威胁。这样的局面迫使他们四处流浪，内心同时也乐于向罗马帝国妥协。

公元 382 年 10 月，双方签订条约。哥特人被允许留在巴尔干半岛的指定区域内生活，可以自行推选本族的领导人。作为回报，他们将为罗马帝国服兵役。相比此前归附罗马帝国的其他日耳曼蛮族，这样的条件给予了哥特人极大的独立性。

公元 383 年 1 月，罗马帝国的雄辩家忒弥修斯[2]在君士坦丁堡向狄奥多西一世报告说，他已经竭尽全力，为罗马帝国争取最大的利益：

---

[1]　Theodosius I，又称狄奥多西大帝，他死后，古罗马帝国分裂为东、西两个部分，西罗马帝国后来被以哥特人为代表的蛮族灭亡，东罗马帝国又称拜占庭帝国，直到公元 1453 年才被土耳其人灭亡。

[2]　Themistius，古罗马修辞学家，他对亚里士多德非常有研究。

既然哥特人无法被完全驱逐出去，我们就不应该再动这方面的心思。这样的做法，是基于理性和博爱的选择。与其两败俱伤，还不如互利共赢。有人认为由此带来的损失无足轻重，有人认为我们可以不费吹灰之力，解决掉哥特人。鉴于过去的经验，这样的想法根本不可能实现，或者可以说丝毫不存在变成现实的可能性，纯粹就是空想而已。正如我此前已经说过的那样，这样的空想，超出了我们的实际能力。

我们究竟是让田野里躺满了尸体好呢，还是站满了劳作的农夫好呢？究竟是让田野里全是坟头好呢，还是全是活人好呢？

《演讲稿》(*Oration*)

忒弥修斯关于哥特人无法被轻易打败的认识，可以说是罗马帝国历史上少有的妥协之举，作为补偿，他同时强调帝国可以从这些新定居者身上得到相应的好处。从哥特人的角度来说，公元 382 年签订的和平协议，提供了一定的安全保障，也让他们获得了进一步与罗马帝国繁荣文化相互交流的机会。古罗马帝国先进的农业技术和其他工艺令哥特社会从中受益。两个民族间不断增加的交往频度，也让他们的后人得以开展更加紧密的合作。

图 6　狄奥多西一世，银权杖，公元 4 世纪晚期

如此之类的好处，也伴随着相应的代价。巴尔干半岛的土地相对贫瘠，地形多山，可以用于耕种的土地非常有限。况且这片土地临近多瑙河，意味着他们随时可能遭到来自河对岸，包括匈人在内的各种潜在敌人的进攻。除此之外，他们还要为那些反复无常的罗马将领们源源不断地提供兵源。

公元 383 年，格拉提安皇帝在高卢被人谋杀，狄奥多西一世从君士坦丁堡先后两次起兵，挥师西进，讨伐篡位的马格努斯·马克西穆斯[1]和欧根尼乌斯[2]。每次军事行动，他都要征调哥特士兵参战。公元 394 年 9 月，在具有决定性的冷河战役[3]中，哥特人被放在最前方打冲锋，伤亡惨重。

公元 5 世纪早期的罗马历史学家奥罗修斯[4]略带夸张地估计，哥特人的损失应该在 1 万人左右。对于哥特人的损失，奥罗修斯的评价可能代表了同时期多数罗马人的态度：

> 舍弃这些哥特人对罗马而言，微不足道，只要他们的死能为我们带来胜利。
>
> 七卷本《历史》

从亚德里亚堡战役到冷河战役这个时间段，哥特人内部既面临着因争夺领导权而引发的危机，同时还面临着因身份认同而引发的

[1] Magnus Maximus，出生在西班牙，参加罗马帝国军队后从普通士兵成长为高级将领，曾率军远征英伦三岛，后来被士兵拥立为皇帝，发动叛乱后兵败被杀，后来在英国民间传说中他被演绎成一位英雄人物。
[2] Eugenius，曾经短期称帝，公元 394 年阵亡。
[3] battle of the river Frigidus，又译弗里基都斯河战役，大致地点在今意大利托斯卡纳。
[4] Orosius，保卢斯·奥罗修斯，出生在葡萄牙，古罗马后期基督教历史学家和神学家。

危机。就像之前已经谈到的那样，实际的情况与约达尼斯在《哥特史》中的记载正好相反，早期哥特人当中并不存在后来所谓的"西哥特人"和"东哥特人"的政治族群划分。

不仅如此，在向多瑙河流域逃亡的混乱过程中，瑟文吉和格鲁森尼哥特人间的界限，也已经变得非常模糊。面对匈人的大兵压境，两任格鲁森尼哥特人酋长先后死在了战场上。瑟文吉人为了投奔罗马帝国，干脆抛弃了他们的阿萨纳里克酋长。这位指挥亚德里亚堡战役的哥特领袖，早在公元 382 年哥特人和罗马人签订和平协议以前，便已经淡出了历史，再也找不到任何蛛丝马迹。

我们可以这样认为，此时哥特人旧有的社会结构已经被打乱，任何新的领导人都无法确立长期、稳固的权力地位。这种权力真空让哥特人在面对罗马人的压力时，更容易被各个击破。换一个角度看问题，这样的情况也为那些有野心、希望向上爬的人提供了机会。亚拉里克大帝就是这样一位双手紧紧抓住了机会的幸运儿。

对于亚拉里克大帝的早年经历，我们所知甚少。按照比他晚出生一个半世纪的约达尼斯的说法，亚拉里克大帝是比哈尔（Balthi）家族的一员。他们家族凭借家传的忠勇精神，获得了"Baltha"的姓氏。这个姓氏的意思是"勇敢的"。（《哥特史》）虽说约达尼斯言之凿凿，目前却没有可靠的证据显示这个家族早年在哥特人群体当中，拥有过非常高的社会地位；更没有证据显示，他们在瑟文吉哥特人或格鲁森尼哥特人的群体中，担任过首领。所谓的比哈尔王朝传奇，只是在亚拉里克大帝登上高位以后，为了与他的地位相匹配，才被人为编造出来的。历史上根本就不存在一个比哈尔王朝，它的出现，只是亚拉里克大帝个人魅力和权力带来的结果。

公元394年，亚拉里克大帝参加了冷河战役，可能还是位指挥官，具体级别不得而知。那场战役中，亚拉里克大帝目睹了他的同族为罗马帝国利益而付出的惨重代价。公元395年1月，狄奥多西一世去世，身在巴尔干半岛的哥特人趁势发动起义。此时亚拉里克大帝的身份是瑟文吉和格鲁森尼哥特人共同的酋长。

对罗马人和哥特人而言，公元395年是个特别重要的年份。狄奥多西一世是最后一位统治过完整的罗马帝国的皇帝。这位皇帝去世以后，他的儿子阿卡狄乌斯（Acradius，公元395—408年在位）和霍诺里乌斯（Honorius，公元395—423年在位）正式分家，将罗马帝国分成东西两块，各自为政。

类似这样的"分家"在罗马帝国长达两个半世纪的历史上，其实是一种常见现象，当时没人能意识到，这次"分家"会演变为永久的分裂。年长的阿卡狄乌斯身在君士坦丁堡，统治着罗马帝国的东部，年幼的霍诺里乌斯则留在意大利，控制着帝国的西部。他们登基时都很年轻，缺乏亡父拥有过的那种权威。

帝国分裂以后，巴尔干半岛，连同生活在那里的哥特人恰好被夹在了中间。双方都希望哥特人能为自己所用，与此同时，亚拉里克大帝也希望利用东西罗马间的矛盾，从中渔利。公元 390 年代晚期，他率军横扫整个希腊，同时威胁君士坦丁堡。通过这样的胜利，亚拉里克大帝巩固了自己的地位，也改善了麾下追随者的生存处境。公元 401 年，他第一次率领哥特大军攻入意大利。

后世学者通常将公元 401—402 年，哥特人对意大利发动的这次进攻，视为日耳曼蛮族入侵并灭亡西罗马帝国的开端。然而，亚拉里克大帝领导的此次军事行动却是以失败开始的。

当时，哥特人沿着亚得里亚海岸边的天然通道，从巴尔干半岛侵入了意大利北部，随后在波伦提亚[1]遭到了斯提利科[2]率领的罗马军队的阻击。斯提利科是位拥有半罗马、半汪达尔人血统的将领，他实际掌握着西罗马帝国的军权，相当于高居霍诺里乌斯皇帝之上的摄政王。

那个时期历史的主要见证者，诗人克劳迪安[3]如此颂扬斯提利科取得的这场胜利：

---

[1]　Pollentia，位于今天意大利西北部。

[2]　Stilicho，弗拉维斯·斯提利科，古罗马摄政，著名军事家，职务相当于当时西罗马帝国军队的总司令。

[3]　Claudian，古罗马宫廷诗人，《哥特战争》是他创作的一首叙事长诗。

图 7　斯提利科与妻子和儿子，公元 5 世纪早期，象牙对折画

　　啊，光荣的波伦提亚，万岁！你的名字，就是喜庆和胜利的代名词，值得我为你歌唱。命中注定，你将成为展示我们胜利的舞台，成为那些蛮族的坟墓。你的牧场和田野见证了罗慕

路斯[1]的子孙抗击侵略时，拥有的足够勇气。也是在这个地方，来自遥远海岸的辛布里人[2]，从另一条通道翻越阿尔卑斯山，侵入意大利，却在罗马勇士面前溃不成军。

后人将无法区分这两拨入侵者留下的骨骸，只会笼统地为他们立一块墓碑，用一句碑文概括我们取得的两场胜利：这里，在意大利的土层之下，长眠着勇敢的辛布里人和哥特人，是我们的两位将军，马吕斯和斯提利科送他们下了地狱。其他心怀不轨的民族应该从中吸取教训，千万不要招惹罗马人。

《哥特战争》

克劳迪安将抗击亚拉里克大帝率军侵入意大利的斯提利科，与罗马共和国时代抗击过辛布里人和条顿人[3]的马吕斯相提并论。遗憾的是，这位诗人只是受斯提利科豢养，专门唱赞歌的一位文人。他对于波伦提亚那场战斗胜利的描述，难免存在夸大的地方。事实上，无论波伦提亚战役，还是稍晚些时候发生的维罗纳[4]之战，都不能说是罗马人取得了决定性胜利。

[1] Romulus，传说中古罗马的建立者，罗马城即因他得名。
[2] Cimbri，日耳曼蛮族的一支，后被罗马人消灭。
[3] Teutones，日耳曼蛮族的一支。
[4] Verona，意大利古城。

　　两次战役过程中，亚拉里克大帝都能及时将手下的兵力完整撤出，同时确保自己的领导权不受威胁。斯提利科确实拯救了意大利，却也只能说是暂时拯救。哥特人主动撤军回巴尔干半岛，主要是为了获得补给，同时也是因为觉得带着妇女和儿童打仗不太方便。

　　亚拉里克大帝这次失败的军事行动，只是随后在罗马帝国北部边境上演的一场大戏的序幕。就在哥特人返回巴尔干半岛，重新集结并定居在伊庇鲁斯的同时，更大规模的移民潮正在涌向多瑙河沿岸。

　　这次移民潮背后的原因仍然是匈人，公元 400 年代早期，他们开始向更靠近罗马帝国的区域拓展势力。此时罗马人和匈人间的直接交往虽然还非常有限，不过匈人势力侵入匈牙利大平原，却在当地日耳曼蛮族群体中引发了一场规模远超过当年瑟文吉和格鲁森尼哥特人的大动乱。

　　公元 405—406 年，危机开始。拉达盖苏斯（Radagaisus）哥特人首先发难，他们是一支实行酋长制的哥特部族，原本定居在罗马帝国的范围以外，并不受亚拉里克大帝管辖。这支哥特部族通过阿尔卑斯山口进入意大利北部，所属武装力量在 2 万人左右，是一支囊括了多个日耳曼蛮族以及凯尔特人[1]的联军，另外还有人数更多

------

[1] Celtic，古代欧洲三大蛮族之一，以今天的爱尔兰人、苏格兰人和威尔士人为代表。

的非武装人员。

迎战这些哥特人的，仍然是此前在这个区域率军挫败过亚拉里克大帝的斯提利科。公元 406 年 8 月 23 日，拉达盖苏斯哥特人在佛罗伦萨城外遭到全歼，少量幸存者则被斯提利科招降到自己的队伍里。

拉达盖苏斯哥特人的入侵只是个开始。为了抗击新的敌人，降服亚拉里克大帝，斯提利科从防守帝国各处边境的部队中大量调集人马。公元 406 年 12 月 31 日，一支日耳曼蛮族大军横渡莱茵河，这条河在过去将近四个世纪的时间里，始终是罗马帝国的边境。

渡河大军的主体包括三大部族，即汪达尔人、阿兰人和苏伊夫人。历史上对这支大军规模的描述主要来自猜测，不过他们的人马总数肯定超过了 10 万人，其中至少有 2 万—3 万作战人员。莱茵河天险被攻破以后，罗马帝国境内就再没有什么关隘可以阻止他们前进。接下来的几年当中，这支大军横扫整个高卢，随后进入了西班牙。在那里，他们将有可能跟哥特人会师，联手灭亡西罗马帝国。

蛰伏在伊庇鲁斯的亚拉里克大帝及时抓住了机会。公元 408 年春天，哥特人再次进军意大利。阻挡他们前进的，仍然是斯提利科。只可惜，公元 408 年 8 月，斯提利科与霍诺里乌斯皇帝间的矛盾激化到了顶点，最终被后者下令处决。与此同时，斯提利科的政敌们还屠杀了他麾下那些哥特人士兵的家眷。这些士兵因此哗变，转而投奔亚拉里克大帝。尤其是拉达盖苏斯哥特人当初的残部，人数起码在 1 万左右。

最危险的对手死了，自己的力量还得到了壮大，亚拉里克大帝就此在罗马帝国境内所向披靡。他当时的意图并非单纯要去毁灭罗马城，而是希望以此为要挟，迫使霍诺里乌斯皇帝屈服。根据公元5 世纪一位历史学家的记载：

> 亚拉里克大帝提出要求，每年从罗马帝国获得一定数量的黄金和粮食，同时准许他和他的族人在威尼西亚（Venetias）、诺里库姆（Noricum）、达尔马提亚（Dalmatia）等地定居。这些要求是皇帝的禁卫军长官（praetorian perfect）焦维乌斯（Jovius）在亚拉里克大帝的面前记录下来，然后转达给霍诺里乌斯皇帝的。
>
> 转达这些要求的同时，焦维乌斯还以私人名义给皇帝写信，建议任命亚拉里克大帝为统率罗马骑兵和步兵的指挥官。
>
> 佐西莫斯[1]《罗马新史》（New History）

亚拉里克大帝提出的要求耐人寻味。此时距离哥特人横渡多瑙河那段历史已有 30 年的时间，他们最为迫切的需求却仍然是稳定

---

[1] Zosimus，公元 5 世纪后半叶拜占庭帝国帝王私库度支官及应诉官。

的食物来源，以及可以用于耕种、放牧，过定居生活的土地。

亚拉里克大帝向霍诺里乌斯皇帝索要的那片土地，大致相当于今天的阿尔巴尼亚到意大利北部地区。这片土地相比巴尔干半岛更加肥沃，同时也更便于哥特人在需要的时候进军罗马。来自罗马的黄金则可以被用来笼络那些追随者，保证他们的忠诚度。这样一来，出身平凡的亚拉里克大帝就可以在没有显赫家世，没有裙带人脉的前提下，巩固他的统治地位。

出于同样的考虑，亚拉里克大帝还暗示焦维乌斯以私人名义，建议皇帝授予他高级军职。以哥特人对罗马文化的仰慕，这种象征性的册封将具有很强的公信力。来自罗马皇帝的官方认可，将有助于亚拉里克大帝在本民族群体中保持自己的威望。

如果亚拉里克大帝的要求得到满足，历史就有可能被改写。遗憾的是，霍诺里乌斯皇帝当时并不在罗马城内，而是驻节防御更加牢固，更加安全的意大利北部重镇拉文纳。这样一来，他就有底气拒绝来自蛮族的无礼要求。

公元 410 年 8 月底，亚拉里克大帝率领哥特人，攻陷了罗马城。这座城市自建成以来将近 800 年，第一次沦陷在入侵者手中。苦行修士圣杰罗姆[1]身在遥远的伯利恒，向世人宣告了世界末日的到来：

---

[1]　Jerome，出生在今南斯拉夫，晚年定居伯利恒，今天伯利恒的圣杰罗姆修道院就是他建立的，他最大的贡献是首次将《圣经》翻译为拉丁文。

图 8 《哥特人攻陷罗马》，约瑟夫·尼尔·西尔维斯特（Joseph-Noël Sylvestre），1890 年，油画

最闪耀的光芒就此蒙尘，罗马帝国的头颅被人砍了下来，全世界都在为一座城市哀悼。

圣杰罗姆《论以西结》序言

（ *Commentary on Ezekiel* ）

古代历史中很少有哪次事件，能像哥特人攻陷罗马城这样，引起巨大的反响。苦行修士圣杰罗姆的这番话，某种程度上代表了当时整个地中海世界的心情。在北非，为了劝说人们抛弃那些导致罗马沦丧的旧有神灵，同时向信徒解释，为什么上帝会允许这样的灾难发生以坚定大家的基督教信仰，圣奥古斯丁[1]开始撰写历史上最具影响力的基督教作品之一，《上帝之城》（ *City of god* ）：

我最主要的动机，是要反驳那些将这个世界上诸多令人沮丧的战争，特别是最近令罗马沦丧于蛮族之手的那场战争，归咎于禁止人们为某些恶劣的事情做出牺牲的基督教。

恰恰相反，这些人应该感谢基督教，正是因为有了基督教，战争才得以确定了最起码的规矩和法则。蛮族闯入了那些为逃

---

[1]　Augustine of Hippo，基督教神学家，出生在今阿尔及利亚。

亡者充当庇护所的宏大教堂，同时却对教堂所代表的基督教表现出相当的崇敬。不光是那些虔诚的信徒，即便仅仅是出于恐惧假装信教的人，也可以受到战争基本原则的庇护。

哥特人对罗马城内基督教堂的尊重，以及人们进入圣所寻求庇护的事例，也被圣杰罗姆在讲述苦行修女普林西帕（Principia）和马塞拉（Marcella）的故事过程中，加以引述。在这个故事中，日耳曼蛮族的武士闯入马塞拉的住所，通过殴打的方式，勒索黄金。然而基督教的神力却感化了这些武士的心灵，即便沾满血迹的宝剑，也为之动容。

> 蛮族武士们后来护送着你和马塞拉去了圣彼得的教堂，这个地方既是坟墓，同时也是庇护所[1]。
>
> 《致普林西帕的信》

哥特人的这种举动，某种程度上可能是因为亚拉里克大帝和他的某些追随者，本身就是基督徒。有一件事圣奥古斯丁和圣杰罗姆并不了解，哥特人当时其实已经接受了阿利乌派的基督教，虽然这

---

[1] 指今罗马梵蒂冈圣彼得大教堂，这座教堂修建在圣彼得的坟墓之上。

图 9　普罗伊克塔棺材（The Proiecta Casket），罗马埃斯奎利诺山 (Esquilinus)
埋藏的宝藏之一，可能是哥特人破城前不久，出于安全考虑，被掩埋起来的

个流派被正统基督教视为异端。

　　无论如何，哥特人在攻陷罗马城以后，都显得十分克制。虽然
城中老参议院（the old Senate House）被付之一炬，很多方便搬运
的财富被劫掠一空，然而城中居民的死亡率却非常低，很多大型建
筑和古代纪念碑也都保存完好。尽管哥特人整整在这座城市中逗留
了三天之久。

　　后人编造的传说夸大了蛮族对罗马城物质上的破坏，与此同

时，他们在政治和军事方面对西罗马帝国的影响，其实也非常有限。事实上，早在君士坦丁大帝（公元 306—337 年在位）登基以前，罗马城便已无法正常行使首都功能。君士坦丁大帝登基后，兴建君士坦丁堡的做法则进一步削弱了罗马城的地位。

曾经主宰罗马人命运的决策中心，已经远离帝国的权力中心。罗马沦陷以后，霍诺里乌斯皇帝安然无恙地待在拉文纳，西罗马帝国还将继续苟延残喘半个多世纪，才会在公元 476 年迎来它的末代皇帝——罗慕路斯·奥古斯都。

公元 410 年的这次事件，产生的后果更多的是在心理方面严重动摇了那个时代的人们对于罗马帝国命中注定，可以地久天长的信心。从历史的角度来说，亚拉里克大帝率领哥特人攻陷罗马城的这次事件，必须要放在更广阔的视域中加以理解。罗马的陷落，只是罗马帝国在西方统治衰落过程中的一段插曲。它无疑是一次重要的历史事件，却并非后世传说中认为的那样是具有决定意义的一场灾难。

对哥特人自己，尤其是亚拉里克大帝而言，这其实也是一场喜忧参半的胜利。胜利带来的荣光和财富转瞬即逝，攻陷罗马最直接的后果，就是终结了任何与霍诺里乌斯皇帝进行和谈的可能。与此同时，亚拉里克大帝和他麾下那些渴望获得长期居所的哥特人，也将由此面对一个充满敌意的意大利。很大程度上，亚拉里克大帝做出攻陷罗马的决定，可能仅仅是出于取悦追随者的需要。作为一位富于个人魅力的领袖，领导着不断迁徙的族群，他必须经常提醒自己这种压力的存在。

告别罗马城，亚拉里克大帝带着哥特人继续向南行进。他当时的意图无疑是想跨海前往西西里岛或者北非。遗憾的是，一场风暴摧毁了他征集的船只。公元 411 年初，亚拉里克大帝去世。他的死，为世界留下了最后一个谜团。没人知道亚拉里克大帝究竟被秘密安葬在哪里，也没人知道罗马城被掠走的那些财宝又在哪里：

> 他的子民对他的死表现出了极大的哀痛。随后，他们阻断了康森提亚[1]城附近的布森提努斯河（the river Busentus）的流水，这条令人生畏的大河发源于城市附近的群山。哥特人带着一队战俘来到河床中间挖掘坟墓，亚拉里克大帝连同众多财宝被埋葬在淤泥之下。这之后，河水又被引回故道。没人知道那座坟墓的确切位置，所有参与修坟的人，都被处死了。
>
> 约达尼斯《哥特史》

攻陷罗马城的功绩确立了亚拉里克大帝在历史上的地位，然而对哥特人来说，他其实只是位出色的军事领袖。身处公元 390 年代

---

[1]　Consentia，此处据中文版《哥特史》翻译，该书并未给出这两个地名的具体信息，译者也未查到其他相关资料。

图 10　亚拉里克大帝葬礼，1880 年，木刻版画

到公元 400 年代早期的动荡岁月，他有效地把自己的族人凝聚起来克服险阻，为他们争取到了新的地位。

在这个阶段，那些根据公元 382 年签订的和平条约，定居巴尔干半岛的瑟文吉和格鲁森尼哥特人通过亚拉里克大帝的远征行动，与其他族群，尤其是拉达盖苏斯哥特人的残部实现了融合。不同的部落和零星族群在亚拉里克大帝领导下，演化为后来的西哥特人。

在随后继续向西挺近高卢和西班牙的迁徙过程中，他们还将面临很多场战斗，形形色色的新领袖也将轮番登场。不管怎么说，亚拉里克大帝的所作所为，都为后来罗马帝国土地上第一个独立的日耳曼王国的建立打下了基础。这就是西哥特王国。

图 11　有霍诺里乌斯和加拉·普拉西提阿图案的项链吊坠，公元 5 世纪

第 3 章
新的世界秩序

公元 5 世纪初，罗马帝国依旧是全西欧一家独大的国家。公元 410 年，罗马城的陷落对整个地中海世界造成了广泛的心理冲击。然而这座城市当时其实早已不是罗马帝国真正意义上的首都，它的陷落对帝国实力的影响实际非常有限。亚拉里克大帝统率的哥特人，仍然是由众多部族组成的松散群体，他们是一群渴望寻找家园，安居乐业的人，时刻面临着来自各方的危险。

公元 5 世纪末，西罗马帝国宣告覆灭。公元 476 年，西罗马末代皇帝罗慕路斯·奥古斯都遭到废黜。随后兴起的诸多日耳曼蛮族国家当中，哥特人控制的领土面积最大，范围涵盖意大利、西班牙和高卢北部地区。哥特王国接替罗马帝国，成为后罗马时代西欧的主导力量。

公元 411 年亚拉里克大帝去世后不久，权力落到了他的内兄阿陶尔夫手中。同时期历史学家奥罗修斯留下了这样的记载：

通常认为，阿陶尔夫起初曾经热切地希望废除"罗马"这个名号，让罗马人曾经的国度从语言和行为方面，都变成哥特人的国家。通俗地说，阿陶尔夫想在罗马帝国的土地上，建立一个全新的哥特帝国，成为第二个奥古斯都·恺撒。然而经过长期实践，阿陶尔夫发现，由于自身的野蛮性哥特人完全无法胜任这样的任务，抛弃罗马帝国那套既有制度是错误的。

阿陶尔夫退而求其次，开始以哥特统治者的身份，追求继承和延续罗马帝国正统的荣光。既然不能成为一个替代者，他就希望能够以罗马帝国复兴者的身份被载入史册。

七卷本《历史》

奥罗修斯并非一位特别值得信赖的历史讲述者，他对阿陶尔夫的讲述采取的立场也确实存在值得商榷的地方。

亚拉里克大帝死后，阿陶尔夫面对的是一种危险境地。一方面，他需要继承前任遗愿，率领族人寻找可以定居的家园；另一方面，他还需要在亚拉里克大帝的部下当中巩固自身的地位。

公元 412 年，阿陶尔夫带着哥特人离开意大利，进入高卢南部地区。纳博讷和波尔多一带的土地，显然比巴尔干地区更加具有吸引力，纳博讷城（罗马人称为 Narbo）对阿陶尔夫的酋长生涯而言，则是最具纪念意义的地方。哥特人攻陷罗马城的时候，抓到了一位名叫加拉·普拉西提阿的女性俘虏，她就是西罗马帝国霍诺里乌斯皇帝的妹妹。

截至公元 414 年年初，她已经跟着哥特人四处游荡了好几年：

公元 414 年 1 月，阿陶尔夫和加拉·普拉西提阿在纳博讷城的英格努乌斯庄园（the house of Ingenuus）结婚，英格努乌斯是当地的头面人物之一。加拉·普拉西提阿身穿皇室服装，端坐在按罗马风格装饰的大厅当中。阿陶尔夫坐在她身边，披着罗马帝国将军的斗篷，搭配其他罗马服饰。

婚礼过程中，阿陶尔夫除了献给加拉·普拉西提阿各式结婚礼物，还送给她 50 名身穿丝绸服装的英俊少年。这些少年每人托着两只大盘子，盘子里装满黄金和其他珍宝，包括无价的宝石等。这些东西都是哥特人攻陷罗马城时抢来的。

婚礼赞美诗唱起来了，先唱了阿塔罗斯（Attalus），再唱了拉斯蒂克斯（Rusticius），最后唱了菲巴狄乌斯（Phoebadius）。至此，婚礼在蛮族人和罗马人共同的喜悦和欢呼中结束。

《底比斯的奥林匹奥多罗斯》残本 24 段

（Olympiodorus of Thebes）

加拉·普拉西提阿很快就给阿陶尔夫生了个儿子，这个男孩按罗马人的习惯被命名为小狄奥多西[1]。鉴于霍诺里乌斯皇帝当时还没有儿子，这个男孩很有可能自然而然成为西罗马帝国的皇位继承人。

只可惜，这段浪漫爱情最终以悲剧收场，小狄奥多西夭折在襁

---

[1] Theodosius，起这个名字是为了纪念他的外祖父罗马皇帝狄奥多西一世，为区分这两个人，中文资料一般在外孙的名字前面加个"小"字。

裸中。阿陶尔夫则因为他的野心，激怒了斯提利科继任者西罗马帝国将军弗拉维乌斯·君士坦提乌斯[1]，与此同时，哥特人内部的某些人也对他过分亲罗马的立场感到不满。

正如我们已经看到的那样，自从渡过多瑙河，对土地和食物的渴求以及稳固政权的缺乏，始终是哥特人的"软肋"。弗拉维乌斯·君士坦提乌斯抓住了这两个弱点，切断了哥特人的后勤补给，迫使阿陶尔夫带着族人转移到西班牙。

来到西班牙以后，他们占领了巴塞罗那。公元 415 年夏天，阿陶尔夫在那里遭到谋杀。凶手据说是一位马夫，他要为自己被阿陶尔夫杀死的主人复仇。阿陶尔夫死后，因为争夺权力，哥特人内部爆发了一连串内讧。加拉·普拉西提阿则被放回霍诺里乌斯皇帝身边，用于交换小麦。

同一时期，罗马人在西班牙也面临着很多困难，例如镇压公元 406 年渡过莱茵河的汪达尔人、阿兰人和苏伊夫人。哥特人则成为他们实施以夷制夷政策的绝佳人选。经过两年的艰苦征战，公元418 年，哥特人被允许回到高卢南部，作为他们替帝国效力的补偿。这些人渴望已久的在罗马帝国内部获得一块定居地的梦想，至此终于变成了现实。

---

[1]　Flavius Constantius，史称君士坦提乌斯三世。

公元 418 年，哥特人与罗马人和平条约的具体内容没能流传下来。根据公元 5 世纪一位历史学家的简略记载，哥特人获准在从阿奇坦亚至图卢兹，直到海岸的范围内居住（《伊达修斯志》[1]）。新王国的范围以图卢兹为起点，沿着加龙河[2]一直延伸到波尔多，也就是加龙河大西洋入海口的所在地。

肥沃的土地为哥特人提供了大片农田，让他们有条件回到原先的那种定居农耕生活。作为回报，哥特人仍旧要为罗马帝国服兵役。所以直到公元 420 年，我们还可以发现哥特人在西班牙征战的蛛丝马迹。

亚拉里克大帝替族人规划的未来，那些他在攻陷罗马城以前提出的要求，至此终于得到了满足。在一代人的时间里，公元 376 年逃难到多瑙河流域的瑟文吉和格鲁森尼哥特人残部，通过和其他族裔哥特人、日耳曼蛮族以及本地民族融合，最终形成了西哥特人这样一个新的民族。

西哥特人拥有稳定的生活，同时也拥有稳定的权力核心，虽然这种稳定只是暂时的。从首位西哥特国王狄奥多里克一世（Theoderic I）登基算起，直到他离开人世，总共 33 年。

虽说具体国名仍然存在争议，西哥特王国无疑是历史上第一个在罗马帝国曾经控制的土地上，建立起来的日耳曼蛮族国家。并非

---

[1] *Chronicle of Hydatius*，这是一本关于苏伊夫人历史的重要文献。
[2] the Garonne valley，位于法国南部。

所有罗马人都乐于看到这个哥特王国的问世，特别是那些田产因此受到威胁的高卢—罗马贵族。为了保证自己的特权，他们不得不屈尊与蛮族合作。对普通罗马人而言，西哥特王国存在与否，哥特王国存在与否，其实并没有太大影响。相反，这个新出现的王国还可以在帝国势力弱化的地区为某些罗马人提供庇护。这些人甚至因此欢迎哥特王国的出现。

公元 440 年前后，基督教苦行者萨尔维安撰写完成《论神的统治》。这本书将蛮族的入侵视为罗马人所犯种种恶行的报应。所谓"文明"的罗马，由于社会风气的败坏，反而需要来自拥有美德的哥特人等蛮族部落拯救。平心而论，日耳曼蛮族在慈悲和性道德方面，实在比罗马人优越很多：

> 通奸在蛮族那里属于危险的罪行，对我们来说，反倒像是某种荣耀。当罗马人无恶不作，厚颜无耻，把一切为蛮族所鄙视的恶行做绝时，我们真的相信自己将来有勇气直面上帝吗？我们真的可以得到拯救吗？
>
> 请那些自认为我们比蛮族优越的人告诉我，诸种恶性当中，哥特人做过的有多少！？罗马人没做过的，又有多少！？上帝把阿奎丹从罗马手中夺走，送给了蛮族，希望通过他们的圣洁，净化这片被罗马人污染了的土地。

对萨尔维安来说，哥特人占据高卢南部地区，可以被解释为上帝的意志，同时也是一个道德沦丧的社会重新获得活力的机会。从当代历史学家的角度来看，西哥特王国是西罗马帝国灭亡那一连串多米诺骨牌中倒下的第一张牌，也是最重要的一张牌。

图 12 西哥特带扣，公元 6 世纪，普罗旺斯

从那以后，罗马帝国的土地被一块又一块地分裂出去。每丢掉一块土地的同时，就意味着西罗马帝国皇帝丧失了一部分用于维持军队规模和官僚权力体制的人力、税收资源。这样一来，他就越发难以维系剩余领土的稳定，恶性循环就此形成，帝国因此最终解体。

西罗马帝国崩溃的序曲始于本书前面提到的，公元 406 年 12 月 31 日，日耳曼蛮族大军横渡莱茵河。亚拉里克大帝的远征、斯提利科从边境地区向意大利本土抽调兵力是序曲得以开始的前提条件。

不列颠由此被切断了与罗马帝国的联系。据说，霍诺里乌斯皇帝曾写信给驻守在那里的罗马人，让他们自谋生路。公元 418 年，阿奎丹被具有历史决定性地割让给了哥特人。西班牙则沦为战场，那些突破莱茵河防线的蛮族部落仍在这片土地上横冲直撞。

公元 429 年，部分是由于害怕哥特人的持续进攻，汪达尔人酋长该赛里克（Gaiseric）率领族人，跨越直布罗陀海峡，从西班牙侵入北非。罗马帝国位于北非的行省异常富庶，古代商贸中心迦太基[1]周围的土地尤其肥沃，这批土地提供的财富对西罗马帝国皇帝而言至关重要。公元 430 年，也就是圣奥古斯丁去世那年，汪达尔人兵临迦太基城。公元 439 年，这座城市开城投降。

罗马帝国的皇帝们竭尽全力，试图扭转不断下滑的国运。霍诺里乌斯皇帝自公元 395 年即位直到公元 432 年去世，都没能完全掌握权力，去世时也没有明确的继承人。曾经在阿陶尔夫时代镇压过哥特人，实质上同霍诺里乌斯皇帝平起平坐的弗拉维乌斯·君士坦

---

[1]　Carthage，位于今突尼斯境内，汪达尔人后来以该城为首都，建立了汪达尔王国。

提乌斯，后来跟被他"救回来"的加拉·普拉西提阿结了婚。

弗拉维乌斯·君士坦提乌斯死于公元 421 年，他的死引发了一场将近 10 年的权力之争。直到霍诺里乌斯皇帝去世，加拉·普拉西提阿才在东罗马帝国的帮助下，获得了瓦伦提尼安三世（Valentinian Ⅲ）摄政（公元 425—455 年在位）的身份。弗拉维乌斯·君士坦提乌斯和她的儿子瓦伦提尼安三世成为西罗马帝国皇帝时，年仅 6 岁。局势因权力斗争继续维持紧张状态，直到公元 430年代早期，新上任的罗马将军弗拉维斯·埃蒂乌斯[1]稳定住局势，这场权力之争才算告一段落。

这个时期的动荡局势引发的内讧，消耗了本可以被西罗马帝国用来对付那些日耳曼蛮族的资源，同时也让这个帝国无暇顾及那些已经脱离中央控制的行省。

从西哥特王国的角度来说，西罗马帝国的不稳定状态，恰恰是他们拓展势力的机会。即便如此，衰落中的西罗马帝国仍然是"瘦死的骆驼比马大"。公元 420 年代和公元 430 年代，哥特人先后进攻阿尔勒和纳博讷这两个地方，都被罗马军队打了回去。即便在服从帝国调遣，征战西班牙的过程中，他们有时也会搞些类似的小动作。

---

[1] Flavius Aetius，罗马护国公，又被称为"最后的罗马人"。

　　作为斯提利科和弗拉维乌斯·君士坦提乌斯的继任者，弗拉维斯·埃蒂乌斯大体上压制住了哥特人，确保了帝国在高卢和西班牙的大部分利益。遗憾的是，这位将军联手东罗马帝国出兵北非，讨伐汪达尔人的计划，却被一个老对头打乱了。

　　公元 441 年，抓住东西罗马帝国远征军集结在西西里的机会，匈人突然发难，攻破兵力薄弱的多瑙河防线，横扫整个巴尔干半岛。这次军事行动，由匈奴王阿提拉[1]领导。公元 440 年代晚期，匈人展开了后续攻势。公元 451 年，匈奴王阿提拉挥师西进，哥特人的历史至此将再次被匈人改写。

　　匈人一路向西，在没有遭到任何抵抗的情况下，渡过莱茵河，洗劫了高卢。按照民间传说，巴黎之所以能幸免于难，全在于童贞圣女吉纳维芙（Genevieve）的虔诚祈祷。截至公元 451 年 6 月中旬，匈奴王阿提拉最远已经带兵打到了奥尔良。直到这时，他才遇到了真正的抵抗。罗马军队在位于今天法国香槟省的某个当时名叫"卡塔隆尼平原"（Catalaunian Field）的地方，列开阵势，迎击匈人。这场战役，深刻影响了西罗马帝国未来半个世纪的历史走向。

　　弗拉维斯·埃蒂乌斯麾下的罗马军队实际是一支拼凑起来的联军，其中包括来自北方的法兰克人（Franks），以及形形色色的小部

---

[1]　the greatest Hun of all: Attila，直译应为"匈人中最伟大的王阿提拉"，不过由于"匈奴王阿提拉"这个说法在中国已经深入人心，这里从俗翻译。

族武装。真正靠得住的，只有狄奥多里克一世国王率领的西哥特军队。可以想象，当这些哥特人听说，80 年前把他们从家乡赶出来的匈人，如今又打到了罗马人的地盘上时，心里是什么滋味。约达尼斯在他的《哥特史》中，将这场战役与史诗中提及的那些古代战争相提并论：

> 田野成了无数人性命的收割场。双方勇敢地投入战斗，没有任何暗算行为，全部都是光明正大的对决。是什么，让这些不同种族间互相残杀？或者说，是什么，引发了不同阵营军人间的刻骨仇恨？这场战役证明了各为其主的道理。由于一个人的疯狂，导致了国与国间的相互杀戮；由于傲慢君主的心血来潮，年复一年，无数的生命毁于一旦。

发生在卡塔隆尼平原的那场战争漫长而血腥，罗马人的那支联军部队总算取得了最终胜利。凭借与后来的滑铁卢战役中威灵顿相同的战术，弗拉维斯·埃蒂乌斯控制住位于山脊能够俯视卡塔隆尼平原的制高点，稳固防线，挡住了匈人一次比一次凶狠的进攻。

狄奥多里克一世国王在此役中战死。据约达尼斯记载，他可能是被长矛刺死的，也可能是落马摔死的。无论如何，匈人最终都被迫放弃进攻，摆出了防守阵型。那天入夜时分，匈奴王阿提拉下达了他军旅生涯中的第一道撤退命令。即便如此，匈人也并没有因为这场战役伤筋动骨。公元 452 年，他们调转方向，攻入意大利。仅仅是因为圣利奥一世[1] 及时出手干预，罗马城才得以幸免于难。

图 13 《圣利奥一世会见匈奴王阿提拉》，拉斐尔，1514 年，湿壁画

此战过后，高卢虽然被保住了，不过哥特人和罗马人在西方世界未来的命运，至此却已初露端倪。对罗马帝国而言，卡塔隆尼平

[1]　Bishop leo the Great，即时任天主教教皇。

原之战的胜利，就像是一次回光返照。打败匈奴王阿提拉是弗拉维斯·埃蒂乌斯一生的高潮，公元454年，他被瓦伦提尼安三世皇帝下令处决。理由是惧怕这位将军功高盖主，就像当年霍诺里乌斯皇帝下令处决斯提利科一样。

瓦伦提尼安三世在公元455年死于暗杀，与此同时，罗马城再次陷落，这次的发难者是汪达尔人。相比哥特人公元410年的那次破城而入，汪达尔人的这次行动名气不大，造成的破坏却远甚于前者。因为他们奉行迫害天主教的政策，类似的暴行让他们在北非地区获得了"野蛮破坏者"[1]的恶名。

那次破城以后，先后登上西罗马帝国宝座的几位短命皇帝实际控制的范围仅仅限于意大利，以及高卢和西班牙的少部分地区。公元476年，末代皇帝罗慕路斯·奥古斯都登上皇位，西罗马帝国终于迎来了命运的终点。

与西罗马帝国的命运截然相反，公元451年以后，西哥特帝国蒸蒸日上，成为一个不断扩张的独立国家。在狄奥多里克一世（公元453—466年在位）统治时期，特别是通过谋杀兄长登上王位的尤里克（Euric）统治时期，西哥特人成了高卢和西班牙的主导力量。他们的势力，向东可以达到位于意大利的阿尔卑斯山脉，向北则可

---

[1] barbaric vandalism，vandalism 这个单词即从 vandal（汪达尔人）演化而来。

图 14　尤里克雕像，胡安·波塞尔
（Juan Porcel）创作于 1750 年前
后，位于马德里东方广场

以波及卢瓦尔河^[1]。尤里克执政期间做的意义最深远的一件事，就是将整个西班牙半岛牢牢地攥在了西哥特人手中。随后的 200 年当中，这片土地上建立了后西罗马时代延续时间最长的哥特王国。

公元 5 世纪，一位并不心甘情愿的哥特臣民，高卢—罗马大主教（Gallo roman bishop）圣希多尼乌斯·阿波黎纳里斯撰写的文献，可以帮助我们一窥早期西哥特帝国的某些风貌。圣希多尼乌斯·阿

---

[1]　the Loire Valley，位于今法国西北部。

波黎纳里斯是位受过教育的罗马贵族，后来接受圣职成了克莱蒙费朗主教（catholic bishop of Clermont ferrand）。这位身在高卢的大主教对那些未开化的蛮族，可以说厌恶至极：

> 我置身一群长了毛的牲畜当中，还要忍受他们的日耳曼口音。聆听贪吃的勃艮第人（Burgundian）歌唱，看着他涂满变质黄油的头发，脸上的表情总是哭笑不得。

与此同时，这位主教却对狄奥多里克一世极尽谄媚之态，甚至无视他信奉阿利乌基督教这一事实，只是一味地称赞国王的贵族气派：

> 你总是要求我描绘一下威名传于万邦的哥特国王狄奥多里克一世，你希望了解他的外貌，也希望了解他的内心，同时还希望了解他的处世为人。我非常乐于满足你的要求，将竭尽所能，抚慰你高尚而纯真的好奇心。
>
> 即便无缘与他近距离接触，了解一下狄奥多里克一世也不无裨益。上帝和自然界联手，将太多的幸运赐予这一个人。他的言谈举止，即便那些心怀嫉妒的其他国王，也难掩溢美之词……

黎明以前，国王会来到一个小房间同神甫们见面。他在祈祷方面非常刻苦。我甚至可以肯定地说，某些人大概会怀疑，国王的这种勤奋，更多出于生活习惯，而非对信仰的虔诚。

治理国家的工作占据了国王上午剩余的时光。身穿甲胄的贵族侍立在宝座周围。身穿兽皮的众多侍卫，出于安静的需要，被安排站在门槛外面，随时可以招之即来的位置。室内只能听到他们从岗位那边传来的窃窃私语声。

《致波塞多纽的内兄阿格里科拉》

（*Sidonius' brother in law Agricola*）

圣希多尼乌斯·阿波黎纳里斯留下的记载，向我们展示了由罗马人和哥特人混合而成的西哥特王国中，两个民族交往的某些细节。狄奥多里克一世是公认的明君，虽然未见得有那么虔诚，可他还是信奉基督教，同时认真履行了国王的职责。侍卫们身穿蛮族偏爱的兽皮，不过他们却被安排与国王保持一定的距离。

西哥特王国中的哥特贵族，都是军事精英。出于治理需要，以及国家团结的考虑，国王身边也吸纳了不少类似圣希多尼乌斯·阿波黎纳里斯这样的罗马贵族。在哥特国王的治理下，罗马人曾经的行省制度和财税系统得以延续。这就需要维持一支受过教育的中央官僚集团，以及与其合作的地方领主集团。罗马人制定的法典借助日耳曼判例法^[1]的外衣，得以旧酒装新瓶。尤里克则被认为是第一位以拉丁文将两部法典相互融合，制定出《尤里克法典》（the Codex Euricianus）的哥特国王。

哥特人和罗马人间的紧张冲突虽说仍旧无法避免，然而合作却令统治者和被统治者双方面对风云变幻的世界局势，实现了"双赢"，同时也有助于保护罗马帝国的精神和物质文化。正如下一章我们将要看到的那样。

公元 5 世纪末，西哥特人统治着后西罗马帝国时代疆域最辽阔的日耳曼蛮族王国。汪达尔人盘踞在北非。与此同时，兴起于莱茵河沿岸低海拔地区的法兰克人则开始拓展势力，与西哥特人争夺高卢的控制权。

西哥特人并非是这个时期，唯一在前西罗马帝国国土上建立国家的哥特部族。相同时期，另一个哥特王国出现在罗马帝国发源的意大利，他们此时的首领是酋长西奥多里克大帝。这些人沿着他们的亲戚，西哥特人走过的路，从巴尔干一路奔走，进入意大利境内，最终登上历史舞台的中心位置。

当年哥特人在黑海北部地区遭到匈人进攻时，瑟文吉和格鲁森尼哥特人并非全部都在公元 376 年迁徙到了多瑙河沿岸。那些选择留在故乡的人，只能沦为匈人治下的臣民。就像诺曼人（Nomad）

---

[1] Germanic customary law，今英美法系的起源。

一样，匈人依赖被征服民族提供本民族缺乏的人力，以及某些手工艺技能。类似哥特人、格庇德人[1]这样的日耳曼蛮族，在匈奴王阿提拉建立的匈人帝国中，扮演着重要的角色。公元451年，哥特士兵参加了匈奴王阿提拉指挥的卡塔隆尼会战。约达尼斯因此顺理成章地在《哥特史》中，带着自豪感声称，阿提拉认为哥特人、格庇德人的价值，远高于他治下的其他臣民。

遗憾的是，公元453年，匈奴王阿提拉去世后，匈人帝国很快就陷入崩溃的危机当中。阿提拉的几个儿子都缺乏他们父亲那样的能力和个人魅力，无法收拾残局。匈人治下的被征服民族抓住机会，发动起义。虽然约达尼斯承认，领导这次起义的是格庇德人，不过根据他的记载，格庇德人本身也是从哥特人分化出去的。他们部族的名称来源于"gepanta"这个单词，也就是"慢"的意思，因为当年格庇德人的祖先迁徙离开斯堪的纳维亚半岛的时间，比其他哥特部族都晚。

公元454年，起义者在一条至今无法确定具体位置，名为"内达奥"（nedao）的小河边，打败了匈人。强大的匈人帝国就此烟消云散，再也没能重整旗鼓。匈奴王阿提拉仅存的最后一个儿子走投无路，只能前往君士坦丁堡，寻求庇护。

不同于在公元376—418年由多个族群融合而成的西哥特人，

---

[1] Gepids，日耳曼蛮族的一支，跟哥特人亲缘关系比较近。

图 15　哥特胸针，公元 5 世纪，发现于多瑙河流域

东哥特人在匈人帝国土崩瓦解的乱局中，始终保持着民族的单一性。某些哥特人仍然坚守在公元 370 年代那次迁徙后的居住地——巴尔干。另一些哥特人则在公元 450 年代至公元 460 年代的不同时间，摆脱匈人束缚，渡过多瑙河，向罗马帝国寻求庇护。到公元 470 年代，东哥特人内部两大阵营基本成型，他们本身存在内斗，同时又跟东罗马帝国保持着亦敌亦友的关系。

其中一方阵营的领导者名叫提奥多里克·斯特拉波（Theoderic Strabo），另一方阵营的领导者就是西奥多里克大帝。为了确保麾下追随者的利益，证明自身权力的合法性，这两个人都渴望从东罗马帝国皇帝芝诺（Zeno，公元 474—491 年在位）那里获得认可和支持。一旦时机成熟，他们甚至不惜直接手足相残。

两大阵营的竞争史相当复杂。刚开始的时候，提奥多里克·斯特拉波占据优势。随后的公元 470 年代当中，双方此消彼长，直到公元 481 年，提奥多里克·斯特拉波去世。提奥多里克·斯特拉波去世后，他的支持者多数改投到西奥多里克大帝麾下。公元 483 年，西奥多里克大帝与东罗马帝国皇帝芝诺签订和平条约，正式确定了自己的地位。西奥多里克大帝治下的族人，获准定居在多瑙河中游南部地区，他本人则在公元 484 年被授予皇帝禁卫军将军（magister militun praesentalis）的高级军衔，以及总督[1]的荣誉职位。

---

[1]　consulship，即名义上受东罗马皇帝册封，管理东哥特的总督。

对东罗马帝国而言，被西奥多里克大帝整合起来的巴尔干哥特人，成为一股潜在的威胁。公元 486 年，西奥多里克大帝发动起义，劫掠了色雷斯[1]。公元 487 年，哥特人甚至威胁到了君士坦丁堡。

西奥多里克大帝和芝诺都不想打持久战，双方索性坐下来谈判。今天的我们，无从得知谈判条件的具体内容。相关史料，由于来源不同，也带有很大主观性。来自东罗马帝国的史料，自然倾向于芝诺；类似《哥特史》这样的史料，则站在西奥多里克大帝一边。

不过，谈判条件的底线还是清楚的。那就是西奥多里克大帝在芝诺的准许下，带着他的族人，从巴尔干挥师西进，前往意大利。自公元 476 年西罗马帝国末代皇帝罗慕路斯·奥古斯都遭到废黜，意大利便始终在日耳曼酋长奥多亚克[2]的控制下。在芝诺看来，支持西奥多里克大帝去意大利对付奥多亚克，是个一石二鸟的计策：既可以消灭帝国西面一位桀骜不驯的对手，也可以把哥特人从巴尔干半岛请出去。对西奥多里克大帝来说，前往意大利可以摆脱东罗马帝国的控制，获得一定的独立性，同时也能够为族人争取到一块更安全的居住地。

公元 489 年，西奥多里克大帝带着东哥特人，来到了他们的新家园：

---

[1] Thrace，位于今保加利亚。
[2] Odovacer，在意大利建立政权的第一个日耳曼国王。

渡过波河[1]以后，西奥多里克大帝决定在王城拉文纳附近安营扎寨。这个地方距离拉文纳约 3 英里，名叫皮内塔（Pineta）。奥多亚克得知此事，随即下令加强拉文纳城防。他频繁派出人马，趁着夜色，袭扰哥特人，时不时还发动偷袭。这样的事不是一次两次，而是经常发生。双方就这样对峙了将近 3 年时间。

奥多亚克的顽强抵抗落了个竹篮打水一场空，意大利大部最终还是向西奥多里克大帝表示臣服，接受他的差遣。只剩下奥多亚克带着少数支持者，外加当地罗马人忍受着饥荒，继续坚守拉文纳城。弹尽粮绝的情况下，奥多亚克派出使者，向西奥多里克大帝请求投降。西奥多里克大帝起初接受了奥多亚克的投降，随后又处死了他。

《哥特史》

公元 489—493 年，东哥特人对意大利的征服是一场旷日持久的围城战，而非速战速决的普通战役。西奥多里克大帝在拉文纳城以北歼灭了奥多亚克的主力以后，又花了 3 年时间，才使用欺骗的

---

[1] the river Po，意大利最大的河。

手段占领了那座城市，杀死了奥多亚克。对于这段历史，约达尼斯的《哥特史》可谓讳莫如深。

占领拉文纳以后，西奥多里克大帝统治位于意大利的东哥特王国，长达 30 年之久。这位国王凭借他的权势和功绩，被后人授予了"大帝"（the great）的称号。东哥特王国，再加上控制高卢南部和西班牙、国力达到极盛的西哥特王国，那个时代的人们似乎可以认为，他们见证了哥特文明的黄金时代。

第4章

东哥特和西哥特

公元 6 世纪初，哥特人势焰达到顶峰的时候，两个哥特王国瓜分控制了西罗马帝国留下的版图。东哥特王国盘踞罗马帝国曾经的中心——意大利。西奥多里克大帝以意大利北部城市拉文纳为首都，统治着麾下多个日耳曼部族，以及被征服的其他意大利土著民族。原本以高卢西南阿基坦（Aquitaine）为居住地的西哥特人，这时的势力向南已经拓展到了整个西班牙，向北则波及了卢瓦尔河。罗马尼亚这个地名，此时真应该改成"哥特尼亚"（Gothia）。不过，两个王国内部同时却都隐含着可能引发分裂的内部因素。这些因素将在他们未来的历史中，发挥各自的作用。

西奥多里克大帝治下的东哥特王国是个强大、富庶的国家，为后人留下了丰富的文化遗产。这个国家在西奥多里克大帝统治末期，便已经出现了分裂的势头。当这种势头变成现实的时候，东罗马帝国皇帝查士丁尼大帝（公元 527—565 年在位）趁机发兵，灭亡了东哥特王国。西哥特人则被法兰克人赶出了高卢，不过他们以托莱多（Toledo）为首都，在西班牙建立的王国，却是所有哥特王国中最长寿的。直到最近[1]，这个西班牙哥特王国留下的文化遗产才逐渐引起人们重视。

公元 711 年，来自北非的伊斯兰势力将西哥特人赶出了西班牙。

---

[1] 原书于 2017 年首次出版。

图 16　西奥多里克大帝图案项链吊坠，"西奥多里克大帝，虔诚和永远无法征服的王"

哥特人作为独立民族的历史，至此宣告终结。

西奥多里克大帝虽说不光彩地顶着篡位者的名分，然而他却像那些正牌君主一样恪尽职守。这位国王同时受到哥特人和意大利人的共同拥护，因此得到了"大帝"的尊号。

普罗柯比[1]《战记》

[1]　Procopius，拜占庭历史学家。

就像将近 100 年以前率军攻陷罗马城的亚拉里克大帝那样，西奥多里克大帝受到的尊奉程度，名冠历代哥特酋长。普罗柯比的《战记》在讲述查士丁尼一世那次夺回罗马的军事行动以前，特意花费笔墨高度赞扬了这位东哥特王国的建立者。

正如本书上一章所讲，自公元 493 年西奥多里克大帝消灭了他的对手奥多亚克以后，怎样整合麾下的诸多部族便是个非常棘手的难题。由他带到意大利的那些部族，总人数大概有 15 万人，其中军事人员超过 2 万。这些部族不仅有哥特人，还包括其他日耳曼蛮族以及巴尔干当地民族。占领意大利以后，西奥多里克大帝治下的人口以罗马人为主体，因此他必须效仿当初的奥多亚克，借助本地贵族的势力维持自己的统治。

与此同时，西奥多里克大帝作为一位拥有个人魅力、统率着一个新融合族群的领袖，他在维持自身合法性、建立持久王朝方面所面临的挑战，亦如曾经的亚拉里克大帝。虽然东哥特王国在西奥多里克大帝去世后，很快就土崩瓦解了，可是这位国王还是成功统治哥特人和罗马人超过 30 年之久。他因此在历代日耳曼国王群体中，获得了"最伟大君主"的美誉。

西奥多里克大帝能够维持长期统治，至关重要的一点就在于他能够尊重罗马人的文化。这位国王不仅是一位著名军事家，童年时代他还曾以人质的身份居住在君士坦丁堡，接受了基础的罗马文化启蒙。尽管某些心怀恶意的人声称他是个文盲，平时只能靠一块图章签名。

在西奥多里克大帝的宫廷中，接受过良好教育的意大利贵族扮演着重要角色。这些贵族当中，发挥过最突出作用同时也为我们了解东哥特王国提供过最多信息的，非卡西奥多罗斯莫数。卡西奥多罗斯的工作是将国王发布的旨意和往来信件整理归档，这让他有机会特别深入地了解西奥多里克大帝。

卡西奥多罗斯最具知名度的著作是 12 卷本的《哥特史》，书的中心议题是证明西奥多里克大帝及其治下臣民，在继承西罗马帝国衣钵方面的正统性。这部《哥特史》虽说非常遗憾地失传了，不过约达尼斯本人和他的著作，却深受其影响。例如约达尼斯在文字中，对西奥多里克大帝声称自己所属的 "Amal"（阿马尔）家族所表现出来的敬意。

卡西奥多罗斯保存下来的著作是他的《信札》，这本书收录了他替西奥多里克大帝以及他的继任者撰写的官方信件。这本书让我们有机会了解西奥多里克大帝在罗马参议院（the Roman Senate）、东罗马帝国宫廷，还有那些后西罗马时代各个国家的国王面前，为自己进行的形象设计。

我希望在名流荟萃，心怀感恩的参议院能够看到自由的精神。毋庸置疑，类似你们这种立法机构的存在，是君主的荣耀。

要知道，你们喜闻乐见的一切，恰恰归功于我的诚实守信。

《西奥多里克大帝致罗马参议院的信》

西奥多里克大帝统治时期，罗马参议院在国家政治结构中并不拥有特别重要的权力。然而，那些参议员家族，却仍然潜移默化地主导着意大利的社会生活。因此，同罗马参议院保持良好的关系，将有助于维持城市生活的和谐，让地方政府在基本不改变西罗马帝国既有政策的前提下，确保行政机构的正常运转。

出于同样的目的，西奥多里克大帝也尽力与东罗马帝国维持良好的关系。原先的东罗马皇帝芝诺已经去世，继任者名叫阿纳斯塔修斯（Anastasius）。凭借东罗马帝国的认可，西奥多里克大帝增强了在自己统治下那些罗马籍臣民心中的地位，同时也减少了可能来自东边的威胁。正是在这样的背景下，西奥多里克大帝将东罗马帝国视为宗主国，绝不敢以独立君主的身份与之相提并论。

依靠上帝特别的青睐，我们在你们的国家学习公平、公正地管理罗马人的艺术。我们的朝廷是对你们的模仿，秉持着和你们相同的良好意愿，这个国家就是罗马的重现。所有向你们学习的国家当中，我们学得最好。

《信札集·西奥多里克大帝致阿纳斯塔修斯的信》

　　面对那些存在竞争关系的其他日耳曼蛮族君主，来自东罗马帝国的认可让西奥多里克大帝在道义层面获得了很大优势。所有后西罗马时代的日耳曼君主其实都在从罗马人身上吸取治理国家的经验，却只有西奥多里克大帝成功将自己打造为罗马在蛮族群体中的代言人形象，其他同时期的君主则没有这么好的运气。例如，勃艮第的国王贡多巴德（Gundobad）曾经从西奥多里克大帝那得到一个靠滴水测量时间的滴漏，后者真诚地或者可以说带着优越感地，建议前者从他那里学习来自古代的知识（《信札》）。

　　和亲政策可以进一步巩固这样的关系。例如，由西奥多里克大帝宫中某位不知名的情妇所生的两个女儿，奥斯特格斯（Ostrogotho）和瑟德格塞（Theodegotha）就分别被体体面面地下嫁给了贡多巴德的儿子，以及时任西哥特国王的亚拉里克二世。西奥多里克大帝的妹妹阿马拉弗里达（Amalafrida）则远赴北非，嫁给了汪达尔国王瑟雷萨蒙（Thrasamund）。西奥多里克大帝本人则迎娶了法兰克国王克洛维一世[1]的妹妹奥德弗里达（Audefleda）。

　　凭借这些姻亲关系，西奥多里克大帝建立了一个复杂的外交网络，可以在整个地中海西部地区，以及向北直达阿尔卑斯山的广阔区域内施加影响。类似这样的关系网也有失效的时候，代表性的

---

[1] Clovis，法兰克王国奠基人。

例子就是他无法成功劝阻法兰克国王将西哥特人从高卢驱赶到西班牙。关于这段历史，本书后面还有介绍。所幸类似这样的特例丝毫无损西奥多里克大帝的威望。通过将哥特人的尚武精神与罗马人的文化相结合，西奥多里克大帝成功维持了 30 年的和平局面。未来的若干个世纪当中，这样的和平局面再没有在意大利出现过。

东哥特王国祥和景象的背后，危机依然存在。取得国内哥特和罗马臣民的共同认可后，西奥多里克大帝接下来的努力方向，就是实现治下那些形形色色部族的一体化。当时的哥特人和意大利人其实并没有真正融合。哥特人主要居住在意大利北部，拉文纳、维罗纳和帕维亚等城市周边地区。土著罗马人对蛮族的偏见仍旧很强，北部的哥特人与南部的罗马人，时常发生小的冲突，当然时常也会有小规模的交往。

西奥多里克大帝试图平等对待治下的各个部族。问题在于，罗马法与哥特法这两套法律并不总能相互适应[1]，冲突因此时有发生，还不太容易解决。这样一来，政府就不得不建立两套相互平行的管理机制，就像国民同时使用哥特文和拉丁文一样。更主要的问题可能还在于，西奥多里克大帝无法弥合臣民当中道德文化与宗教信仰方面的差异。

---

[1] 指今天以法国法律为代表的大陆法和以英美法律为代表的判例法的区别，前者源于罗马法，后者则源于哥特法。

与所有迁徙到前西罗马帝国土地上定居的哥特部族相似，东哥特人信奉公元 4 世纪，乌尔菲拉大主教翻译哥特文《圣经》时传播的基督教。这位大主教在解释圣父、圣子、圣灵三位一体的问题上认为圣子和圣父只是存在相似性，不能被视为一体。类似这种本体相类论（homoian）的观点，即认为圣子应该低于圣父的观点，在乌尔菲拉大主教生活的时代，曾经受到罗马帝国东正教的支持。然而到了公元 381 年，相同的观点却开始受到君士坦丁堡狄奥多西一世朝廷的谴责，被定性为"阿利乌异端"。

于是，在信奉天主教的意大利人眼中，哥特人因此就成了应该敬而远之的异类，而非天主教内的兄弟姐妹。西奥多里克大帝在解决这个问题方面，体现出了高超的技巧。有别于在北非面对相同问题的汪达尔人，西奥多里克大帝竭力避免冲突公开化，回避介入教皇选举引发的冲突。

即便如此，分歧仍旧存在。西奥多里克大帝的首都拉文纳同时存在两个洗礼堂（baptistery）。一个在东哥特人到来以前，公元 458 年前后，按天主教风格修建；另一个则是完工于公元 500 年前后的阿利乌风格洗礼堂。两座洗礼堂穹顶的装饰画都展现了耶稣在约旦河接受洗礼的内容。阿利乌风格洗礼堂精心复制了前辈天主教洗礼堂的穹顶画，只是在细节上理所当然地做了少许细微修改。

两幅几乎完全相同的穹顶画暗示了两个教派对洗礼仪式相同的

重视程度，同时还暗示了在东哥特人统治的意大利，两个教派存在的实质性分歧很难被明确界定。同一座首都，分属两种不同教派的

图 17 耶稣接受阿利乌派洗礼马赛克画，完成于公元 500 年前后，拉文纳

两座洗礼堂同时并存，象征了西奥多里克大帝征服的这片土地上存在无法弥合的鸿沟，他建立的国家是脆弱的。

西奥多里克大帝执政末期，东哥特王国内部存在的分裂趋势逐渐浮出水面。催生这个问题的一个重要因素，同时也是西奥多里克大帝无法掌控的一个因素——公元 518 年，东罗马帝国皇帝阿纳斯塔修斯的去世，以及随后一位信奉东正教的好战皇帝查斯丁一世（Justin，公元 518—527 年在位）登上皇位。

对那些觊觎王权的意大利贵族而言，相比阿纳斯塔修斯，查斯丁一世是位更理想的合作伙伴。公元 524 年前后，西奥多里克大帝的宫廷开始出现不和谐音符。两位颇具号召力的意大利贵族，西马丘斯（Symmachus）和他的女婿波爱修[1]因受到勾结东罗马帝国发动叛乱、反对西奥多里克大帝的指控，遭到处决。

待在牢里等待行刑期间，波爱修撰写完成《哲学的慰藉》，思考了邪恶的本性以及命运的无常，该书曾在中世纪得到广泛阅读。这本书顺便还为自己的清白做了辩护，指责哥特人的欲加之罪何患无辞：

> 我无数次地阻止过卡尼佳斯特（Cunigast）对弱小无助者的攻击，劝阻过宫廷高级长官提古拉（Triguilla）的不公正行为。

---

[1]　Boethius，提乌·曼利厄斯·塞维林·波爱修，东罗马帝国哲学家。

这之后的公元 526 年，罗马主教[1]以使节的身份，出访君士坦丁堡。查斯丁一世对教皇约翰的欢迎异常热情，热情到足以引发某种猜忌。于是，教皇返回拉文纳以后，就被投入监狱，死在了那里。

教皇去世后没多久，西奥多里克大帝便撒手人寰。他的不幸离世，被一位信奉天主教的作家描述为上帝对异教徒和宗教迫害者的神圣惩罚：

> 公元 526 年 8 月 26 日，星期三，西奥多里克大帝下令，在即将到来的安息日，阿利乌派异教徒将占据天主教的教堂。所幸上帝不允许他的虔诚信徒受到异教徒的欺压，很快就将曾经施加到阿利乌，也就是他们那个教派创建者身上的惩罚，再次施加给了西奥多里克大帝。
>
> 国王突发严重腹泻。上吐下泻三天后，也就是计划侵占教堂的那天，西奥多里克大帝丢掉了性命，当然也丢掉了他的权力。

发生在公元 520 年代的一系列事件，为西奥多里克大帝留下的这个国家蒙上了一层沉重的阴影。公元 590 — 604 年在位的教皇

---

[1] the bishop of Rome，即后面说的教皇约翰，罗马主教因为罗马城的特殊地位在西方世界所有主教中地位最高，所以又称为教皇。

大贵格利[1]描述了一幅幻景，在这幅幻景中，东哥特国王被叙马库斯[2]和教皇约翰一世[3]投入了意大利南部的某座火山（*Dialogue*[4]）。西奥多里克大帝的形象由此在中世纪及随后的文艺复新时期，重新被定位为异教压迫者。然而，他执政期间带给意大利的和平和包容精神，并未因这位国王的去世被彻底遗忘，而是被建构为一种象征意大利统一的历史记忆。

日耳曼民间传说通常将西奥多里克大帝描述为一位英雄武士，与此同时，作为一名政治家，他也为后来那些日耳曼国王们的执政提供了借鉴。今天，我们仍然可以通过曾经安葬过西奥多里克大帝遗体的陵墓追忆他的丰功伟绩。这座陵墓位于拉文纳城郊外，形制上模仿了罗马的奥古斯都[5]墓，已经成为这位国王为之奋斗良久的哥特人和罗马人共同的现实记忆。

西奥多里克大帝去世后，他的王国迅速土崩瓦解。国内在他执政末期就已初露端倪的紧张关系，因为一场王位继承危机被更加凸

---

[1]　Pope Gregory the Great，又译格列高利一世，出身罗马贵族家庭，历史上第一位同时获得政治权力和宗教权力的教皇，开启了欧洲中世纪的政教合一模式。

[2]　Symmachus，古罗马政治家、文学家和演说家。

[3]　Pope John，公元 523—526 年在位，曾受西奥多里克大帝委派，去君士坦丁堡替阿利乌派求情，因为未完成使命，回到罗马后被拷打致死。

[4]　这本书没有中译本，书名可译为《对话》，教皇保罗一世撰写的神学著作，1479 年第一次出版，在西方广为流传被翻译为多种文字。

[5]　Augustus，即盖维斯·屋大维·奥古斯都，古罗马历史上第一位皇帝。

显出来。这场危机再次让人们意识到，哥特人与传统基督徒间的友善关系的脆弱性。

所有后代当中，西奥多里克大帝异常看重他的几位姓"阿马尔"[1]的后代，将他们视为王位继承人的后备人选。"阿马尔"这个姓氏的血统，据说可以一直追溯到哥特人早期迁徙时代的诸多英雄人物。这样的家族谱系，无疑是被卡西奥多罗斯人为构建出来的，约达尼斯撰写《哥特史》时，沿用了这套说法。

西奥多里克大帝和他的法兰克籍妻子生的女儿，被命名为阿玛娜·希莎（Amalasuintha）。非常遗憾，这个女儿是西奥多里克大帝唯一的合法后代，然而东哥特王国的规矩却要求王位继承人为男性。西奥多里克大帝曾有意让阿玛娜·希莎的丈夫——尤塔里克[2]继承王位，不过这位女婿却在公元522年前后，先于他去世。

公元526年，西奥多里克大帝去世时，他的孙子阿塔拉里克（Athalaric）年仅10岁。幼主执政，女人垂帘听政的现实惹恼了很多哥特人，其中的某些人担心，在宫廷内部的男性重臣比如卡西奥多罗斯的影响下，长大成人的阿塔拉里克会变得更加罗马化，同时

---

[1] Amal，东哥特贵族姓氏，西奥多里克大帝的三个女儿后来都嫁给了东哥特贵族，妇随夫姓，所以说她们都姓阿马尔。

[2] Eutharic，公元480—522年，当时居住在西哥特，属于东哥特王室后裔，姓阿马尔。

图 18　西奥多里克大帝陵墓，拉文纳

去哥特化。公元 534 年，阿塔拉里克去世，年龄刚满 18 周岁，东哥特王国的危机达到总爆发。阿玛娜·希莎遭到囚禁，随后被她的表弟狄奥达哈德（Theodahad）处死。

　　阿玛娜·希莎统治终结的同时，王国东部遭到攻击，东哥特士兵节节败退。公元 527 年，查斯丁一世的侄子查士丁尼登上王位，公元 533 年，东罗马帝国军队击溃汪达尔人，收复北非地区。公元 535 年，打着替被谋杀的阿玛娜·希莎报仇的旗号，查士丁尼一世派遣手下大将贝利萨留[1]率军进攻东哥特王国和西西里。

贝利萨留最初的攻势进展神速。东罗马大军在西西里和意大利南部地区仅遭到轻微抵抗，便重新将这两块土地收入罗马人囊中。公元536年，那不勒斯陷落后，哥特人推翻了狄奥达哈德的统治，拥立维蒂吉斯[2]为王。公元537—538年，贝利萨留在罗马城遭到围困，不过他很快便继续挥师北进。公元540年，拉文纳陷落。意大利的东哥特王国，至此似乎走到了尽头。

然而，东哥特人却没那么容易被打败。因为查士丁尼一世的猜忌，再加上波斯帝国在东面发动进攻，贝利萨留先是被召回了君士坦丁堡。公元542年，腺鼠疫[3]又横扫了整个东罗马帝国。东哥特人抓住这个喘息机会，拥立托提拉[4]（公元541—552年在位）为王，收复了很多失地。

战火呈拉锯状态，蹂躏着意大利。托提拉其人之所以在随后的若干个世纪被人们铭记，主要是因为他曾两次攻陷过罗马城。据普罗柯比记载，有一次，托提拉曾计划把罗马那些最漂亮、最著名的建筑放火烧了，让这座城市变成放羊的草场（《战记》），后来还是

---

[1] Belisarius，东罗马帝国统帅，以皇帝侍卫的身份起家。

[2] Witigis，西奥多里克大帝的孙女婿。

[3] bubonic，即通常说的黑死病。

[4] Totlia，在他即位前，东哥特还有一位叫伊狄巴德（Ildibad）的国王，在位仅一年。

贝利萨留写信劝他收了手。

　　同样是在这段烽火连天的岁月里，身在君士坦丁堡的约达尼斯在撰写《哥特史》时，称赞查士丁尼一世和贝利萨留是当之无愧的哥特人征服者：

　　　　这个光荣的民族屈服于一位更具光辉的君主，向一位更加勇敢的将领投降。

　　约达尼斯还骄傲地声称，西奥多里克大帝仅存的一个孙女，维蒂吉斯的遗孀玛瑟逊莎（Matasuintha），获准和查士丁尼一世的表弟日耳曼努斯（Germanus）结婚，阿马尔家族由此和东罗马帝国皇室紧密地结合了起来。

　　公元 550 年代早期，东哥特王国的悲剧性命运已然无法逆转。公元 552 年，得到增援的东罗马军队由外号"哥特之锤"的宦官纳尔西斯[1]统率，在布斯塔加洛姆战役[2]中击溃了哥特人，杀死了托提拉。随后十年当中，哥特人仍然组织了零星抵抗，不过查士丁尼

---

[1]　eunuch Narses，当时与贝利萨留齐名的东罗马名将，古罗马帝国也有太监和太监专权的情况，他之前的身份是太监总管。

[2]　the Battle of Busta Gallorum，这场战役被后世誉为改变世界历史的 50 场战役之一。

图 19　公元 6 世纪中期，查士丁尼一世马赛克镶嵌画，圣维达尔教堂，拉文纳

一世此时已经可以宣布他夺取了原罗马帝国心脏地带的控制权。

　　哥特人统治意大利，大概只有两代人多一点的时间。他们给这片土地留下的最现实遗产，就是此后 20 年，因战乱而导致的大范围饥荒。这场饥荒摧毁了意大利的社会结构。公元 568 年，几乎是在查士丁尼一世去世的同一时间，另一支日耳曼蛮族伦巴底人[1]，

[1]　Lombard，像哥特人一样起源于斯堪的纳维亚半岛，公元 568 年在意大利建立伦巴底王国。

入侵意大利。这场战争并非东哥特人主动挑起，他们也没能意识到西奥多里克大帝执政时期，其实也是以罗马人为主体的意大利作为一个统一国家，最后的黄金时代。

就在查士丁尼一世手下的匠人忙着为拉文纳的那些东哥特风格教堂改头换面时，卡西奥多罗斯隐退去了一所修道院，倡导保护文化和教育。此时的意大利，已经蜕变为诸侯争霸的角力场。出于各自的利益，伦巴底人和教会势力争强斗狠。这种分裂状态一直持续到 19 世纪。

意大利东哥特王国瓦解，这意味着西哥特人已经成了哥特人作为一个独立民族的最后象征。自公元 418 年定居阿奇坦亚，西哥特人向高卢南部地区和西班牙扩张势力，建立了后西罗马时代那片土地上独一无二，面积最大的王国。虽然在公元 500 年代早期被法兰克人赶出了高卢，西哥特人对西班牙的统治仍然延续了随后的两个世纪。西哥特王国因此也成为西欧历史上寿命最长的哥特王国。

西哥特人统治下的西班牙曾经长期被贬低为蛮族盘踞的落后地区，黑暗中世纪早期最黑暗的一处堡垒。直到近期，这个古代西班牙王国的重要性，才被重新认识。可以说，西哥特人取得的政治和文化成就，无愧于他们那些追随亚拉里克大帝进军意大利、攻陷罗马城的先辈。

对法兰克人和哥特人而言，发生在公元 507 年的维埃纳战役，都是一个转折点。那场战役中，西哥特国王亚拉里克二世被法兰克国王克洛维一世（约公元481—511年在位）打败，战死疆场。东哥特王国的西奥多里克大帝通过联姻与这两个王国都有同盟关系，曾试图居中斡旋，力求促成谈判和平解决争端，却徒劳无功（他的斡旋信函保存在《信札》中）。

我们主要的信息来源大主教圣格雷戈里[1]，他将克洛维一世塑造成下定决心驱逐哥特异端的十字军骑士：

> 克洛维一世对大臣们说："我发现自己难以正视那些阿利乌异教者盘踞高卢的一部分。"让我们在上帝的庇护下，攻入他们的国家。打败他们以后，我们就能夺取他们的领土。
>
> 圣格雷戈里《法兰克人史》
>
> (*History of the Franks*)

圣格雷戈里比克洛维一世晚出生好几代，而这位国王改宗基督教，实际可能发生在他打败西哥特人以后。毋庸置疑，法兰克人在克洛维一世执政时期，的确直接皈依了天主教而非所谓的"阿利乌异端"。日耳曼蛮族的各主要分支当中，也只有法兰克人这样做过。

---

[1] bishop Gregory of Tours，又称图尔的圣格雷戈里，法国天主教大主教，历史学家。

图 20 《克洛维一世的洗礼》，圣吉尔斯（Master of Saint Giles）作品细节，完成于 1500 年前后，油画

共同的天主教信仰是法兰克人和罗马人能够在一定程度上互相融合的关键所在，这也是信奉"阿利乌异端"的哥特人从来无法奢求的。凭借这个基础，法兰克王国成了所有日耳曼早期王国中的佼佼者。

亚拉里克二世的战败和阵亡，将西哥特王国引入了危机之中。借助西奥多里克大帝，也就是亚拉里克二世幼子阿马拉里克（Amalaric）外祖父的力量，西哥特人得以在高卢西南部地区保留了一个很小的立脚点。尽管如此，他们统治的重心从此还是转移到了西班牙，起初在今天的巴塞罗那附近，后来又改成了位置更居中的托莱多。

那时的西班牙范围涵盖整个伊比利亚半岛，包括今天的葡萄牙在内。这片土地多山、多河的地理特征，限制了中央政府的控制力。占据统治地位的哥特人仍然属于人口中的少数，国家的主流文化保存着很多罗马遗风。

立国之初，西哥特人的统治非常薄弱，国王阿马拉里克还要受东哥特王国掣肘，西奥多里克大帝实际统治着两个王国，直到公元526年去世。公元531年，阿马拉里克国王遇刺，紧随其后的是一连串政变和宫廷谋杀。用圣格雷戈里不友善的话来说：

> 哥特人建立了某种应受指责的习惯，动不动就杀掉那些令他们感到不满的国王，让自己属意的人登上宝座，取而代之。
>
> 圣格雷戈里《法兰克人史》

公元552年，利用西哥特王国爆发一场此类性质内战的机会，查士丁尼一世抓住机会，夺取了西班牙南部的海岸线地带，把这片土地牢牢抓在手里，直到公元620年代。

西哥特王国时期，重新统一西班牙的功绩，主要应该归功于雷奥韦吉尔德国王（公元568—586年在位）。通过前后20年当中几乎从未间断过的征战，雷奥韦吉尔德国王大致重新将整个西班牙收入囊中，除了东罗马帝国控制的南部海岸线地带，以及保持独立从未臣服于哥特人的巴斯克人[1]。

不仅如此，雷奥韦吉尔德国王还实现了政治和宗教方面的中央集权，试图效仿那些早期的哥特酋长强化自身权力和脆弱的个人魅力。正是这位国王，将托莱多确定为西哥特王国的新首都。罗马时期，托莱多虽然从未获得过主要中心城市的地位，然而它相对居中的地理位置却对国家的统一至关重要。

雷奥韦吉尔德国王在位期间，以公元 5 世纪的《尤里克法典》为基础，制定了一部新法典。这部法典明确适用于他治下的所有臣民，不分种族，同时取消了禁止哥特人和罗马人通婚的陈规旧俗。新的王室服装还有以这位国王名字命名的新版金币的铸造，同样取得了极大的成功。对罗马帝国制度的模仿，让西哥特王国的君主政体获得了空前强大的基础。

只是在一个关键领域，雷奥韦吉尔德国王像东哥特王国的西奥多里克大帝一样，没能取得突破，那就是无法填平信奉"阿利乌异端"的哥特人与信奉天主教的罗马人二者间的宗教鸿沟。

为了尝试达成宗教和解，雷奥韦吉尔德国王确实做出过努力。

---

[1] Basque，西南欧民族，主要生活在西班牙比利牛斯山西部和比斯开湾南部，因为相对封闭的地理环境，这个民族在西方历史中始终保持着很大的独立性。

公元 580 年，他在托莱多召开主教会议，主张淡化处理圣子级别应低于圣父的宗教分歧，同时允许天主教徒在不重新接受洗礼的前提下，改宗阿利乌派基督教。

尽管如此，雷奥韦吉尔德国王仍旧不打算彻底抛弃已经成为哥特文化不可或缺一部分的阿利乌派基督教，继续使用乌尔菲拉大主教创制的哥特字母传承这种文化，同时竭尽全力地压制那些阻碍他实现国家统一的因素。当他改宗天主教的儿子赫尔曼尼吉尔多（Hermenegild）反对自己的父亲时，雷奥韦吉尔德国王镇压了他。不仅如此，他还反复与圣利安德[1]和圣马索纳[2]发生冲突，将这两位主教发配流放。

就像其他后西罗马地区一样，这个时期的主教是西班牙重要的社会领袖，他们在城市政权[3]中扮演着关键角色，同时还是各种资助和社会慈善的主要来源。国王与天主教会之间存在的裂痕给国家稳定造成了严重的隐患。这个问题，直到雷奥韦吉尔德国王的二儿子雷卡雷德（公元 586—601 年在位）即位，才最终得到解决：

---

[1] bishops Leander of Seville，时任西班牙塞维利亚大主教。

[2] Masona of Merida，时任西班牙梅里达大主教，梅里达是西班牙埃斯特雷马杜拉大区的首府，古罗马时代西班牙重要的政治、经济、文化中心。

[3] urban government，本书原作者的意思是，西方中世纪的情况与中国古代类似，中央政权的控制力局限于城市，最多只能达到县级行政区划，广大农村地区实际处于一种乡民自治状态。

雷奥韦吉尔德国王去世后，他的儿子雷卡雷德即位加冕。雷卡雷德是位非常虔诚的君主，对生活持有与他父亲不同的观点。后者的性格漠视宗教，还非常好战，前者则笃信宗教，同时理解和平的意义。后者通过战争手段，加强对治下天主教信众的控制，前者则以改宗的方式，提升了这个群体的社会地位。

即位之初，雷卡雷德国王不光自己改宗了天主教，还号召国内的各个族群皈依正确的宗教，改正自己根深蒂固的错误。

圣依西多禄《哥特国王和词源的历史》

作为第一位改宗天主教的哥特国王，雷卡雷德国王被誉为"新君士坦丁"[1]。公元 589 年，这位国王在托莱多召开主教会议，更进一步，正式取缔"阿利乌异端"。这样的做法势必会引发若干微不足道的反抗，然而当时西班牙人口的绝大多数毕竟已经皈依了天主教，即便在哥特人内部，对此产生的抵制也非常有限。

宗教的融合大大加速了伊比利亚半岛不同族群间的融合。凭借教会的支持，雷卡雷德国王巩固了出自他父亲之手的政权。雷奥韦吉尔德和雷卡雷德两代国王的努力，确保了随后几百年间西哥特人

---

[1]　new Constantine，指东罗马帝国的君士坦丁大帝。

图 21 《圣依西多禄》，巴托洛梅·埃斯特万·牟利罗（Bartolomé Esteban Murillo），铅笔勾勒并使用棕色墨水上色，塞维利亚大教堂（Seville Cathedral）

对西班牙的统治，为公元 7 世纪西班牙哥特文化的黄金时代铺平了道路，虽然他们建立的那个王室政权从未达到绝对稳固的水平。

哥特文化复兴最宝贵的财富，非圣依西多禄主教（公元 600 年前后—636 年在任）莫数。圣依西多禄就是那位被雷奥韦吉尔德国王流放的圣利安德的弟弟，公元 601 年，雷卡雷德国王去世后不久，他接任了塞维利亚的主教职位。这位主教撰写了大量关于神学和基督教的著作，还编纂了一本名为《哥特国王和词源的历史》的书，讲述了哥特人从巴尔干半岛出发，一路迁徙到西班牙的历史。

按照圣依西多禄主教的说法，正是在雷卡雷德国王执政期间，哥特人终于抛弃"阿利乌异端"，皈依正确的宗教。就像卡西奥多罗斯一样，圣依西多禄主教认为哥特人才是罗马帝国当之无愧的继承人：

> 他们发动了若干场伟大的战役，作为众多族群的征服者拥有与罗马帝国同等的胜利荣光。那些族群俯首垂耳在王国的伟力面前，为哥特人取得的胜利所折服，所有国家的女主人就像女仆一样服侍他们。
>
> 圣依西多禄《哥特国王和词源的历史》

圣依西多禄主教的所有著作当中，最重要的当属这本打着"词源学"（Etymology）名号的百科全书。这本关于基督教早期和古典时代[1]历史的大部头简明百科全书，专为西班牙贵族阶层特别是神职人员所写，体现了圣依西多禄主教广博的知识。

由于知识的密集度以及古今词义的演化，这本书今天读起来虽然比较困难，然而它却是西哥特时代的西班牙留给中世纪最值得骄傲的遗产。《圣经》问世后将近 1000 年当中，《哥特国王和词源的历史》可能还是西欧地区影响最为深远的一本书。

"词源学"的意思是词语的起源，一个动词或一个名词的影响，可以通过解读的方式加以呈现。亚里士多德将词语称为"符号"（symbolon），西塞罗[2]称为"adnotatio"[3]，也就是说，通过自身的形象，传达不同事物的名称和内涵。例如，"河"（flumen）这个词语就来源于"流动"（fluendum）这个词语，因为水的流动，产生了河流。

关于某个词语词源的知识，对理解词义而言不可或缺。弄清楚一个词语的起源，你就可以更迅捷地理清它的影响力。的确，掌握词源学，可以让人更清醒地审视世间万物。

圣依西多禄《哥特国王和词源的历史》

---

[1] classical，这个说法在西方特指古希腊和古罗马时代。

[2] Cicero，古罗马演说家，政治家。

[3] 拉丁文，还是符号的意思。

图 22　西哥特祈愿十字架，公元 7 世纪

圣依西多禄主教是西哥特西班牙时代最著名的作家，却并不孤独。《哥特国王和词源的历史》这本书被题献给当时在位的西哥特国王西塞布托（Sisebut，公元 612—621 年在位），这位国王是个文学资助者，还是和英国的阿尔弗雷德大帝[1]齐名的诗人。圣依西多禄主教的门徒，萨拉戈萨大主教布劳利奥（Braulio of Zaragoza，公元 631—651 年在任）延续他的导师对古典时代的研究。托莱多大主教伊尔德芬索斯（Ildefonsus of Toledo，公元 657—667 年在任）则在自己的《名人传》（*Lives of Famous Men*）中，对这位前辈极尽溢美之词。

虽说我们目前获得的相关史料大多带有基督教会的立场，那个时代神职人员以外群体的教育和文化水平也无从判断，然而毋庸置疑的是，公元 7 世纪西班牙的拉丁文写作水平和古典世界研究水平，显著高于同时期的法兰克王国。西哥特王国因此有理由被认为是早于查理曼大帝[2]领导下，获得复兴的法兰克王国的西方文化中心。

了解西哥特西班牙的另一个信息来源是教会会议的记录。这个国家在公元 7 世纪最与众不同的地方，就是定期把主教召集到托莱多开会，商讨国王面对的各类宗教和世俗问题。公元 633—694 年，

---

[1] Alfred the Great of England，英国历史上第一位盎格鲁—撒克逊裔国王，被誉为英国国父。

[2] Charlemagne，法兰克国王，查理曼帝国皇帝，他在任期间将欧洲文化的中心从原先的希腊转移到更靠北的莱茵河流域，奠定了现代欧洲文明的基础，也被尊称为欧洲之父。

共有 14 次这样的会议被记录在案。会议取得的共识，体现了西哥特人为维护政府行为规范做出的持续努力，同时也体现了他们对罗马行政管理体制的继承。

类似这样的努力能够在多大程度上落到实际层面，还有待考量，我们也无从得知西哥特王国的法律制度是否得到了切实加强。就像同时期西方其他地区一样，罗马帝国的崩溃削弱了西班牙的官僚治理体系，导致了地方贵族势力更大程度上的独立性和军事割据。有鉴于此，教会会议记录能够反映的，也仅仅是那些受到西哥特王室关注的问题。

雷卡雷德国王改宗天主教后，基督教会在西哥特王国实现了统一。西塞布托国王执政时期，国内宗教矛盾的焦点由此转移到了犹太人身上，他们成了那个时代西哥特王国最大的宗教少数派。公元 694 年，西哥特王国最终公布了一系列反犹太法令，同时还发布命令，将所有犹太人视为奴隶、没收他们的财产。西哥特连续几代国王为什么会制定这样的法令，原因无法确定（东哥特王国西奥多里克大帝的做法正好相反，他在意大利颁布了保护犹太人的法令），不过他们对待西班牙犹太人的做法，却为后世那些天主教君主树立了一个残酷的先例。

非常可惜，公元 7 世纪，西哥特王国在取得文化成就的同时，并没能维持住王室政权的稳定性。雷卡雷德国王去世后，内讧的老套路卷土重来，很少有国王能够在宝座上寿终正寝。以至于公元638年，在托莱多召开的主教会议上，人们认为有必要要求新即位的国王履行职责，为他们被谋杀的前任报仇雪恨。

只有几位西哥特国王能跳出这个怪圈。比如公元621—631年在位，收复被东罗马帝国占据的南部海岸地带的苏英提拉（Suinthila）国王，他在任内将整个伊比利亚半岛收入囊中。钦达史宾托国王（Chindasuinth，公元642—653年在位）和他的儿子雷克斯文德国王（Reccesuinth，公元649—672年在位），是两位非常强势的国王。后者在任期内曾下令重修《西哥特法典》[1]将早期的哥特法和传统的罗马法结合起来。

除此之外，公元687—702年在位的埃吉卡（Egica）国王和他的儿子，公元694—710年在位的维提扎（Wittiza）国王，也都不是"软柿子"。历史学领域有个值得商榷的观点，公元8世纪初的西哥特西班牙，可能要比同时期比利牛斯山[2]另一侧的法兰克王国更稳固。尽管在蔑视来自遥远阿拉伯半岛的威胁这个问题上，西哥特人的所作所为无可指摘，再次爆发的国内冲突却让这个国家在面对外来打击时，显得风雨飘摇。

---

[1] Liber Judiciorum，拉丁文，直译为"自由的智慧"，这部法典又称《西哥特蛮族法》。

[2] Pyrenees，比利牛斯山是法国和西班牙的分界线。

图 23　阿尔罕布拉宫（The Palace-Fortress of Alhambra），格拉纳达，西班牙 经历穆斯林统治后，保存最完好的西哥特建筑

公元 632 年，先知穆罕默德去世。随后数十年当中，阿拉伯军 队改写了古代地中海世界的地缘政治。叙利亚和埃及很快被攻陷， 伊斯兰势力向东扩展至伊朗和伊拉克，向西则横扫北非地区。公元 618 年，迦太基被攻克，公元 700 年代早期，穆斯林大军已经进抵 休达[1]以及摩洛哥的大西洋海岸线。在这种情况下，时机一旦出现， 他们理所当然就要产生进攻西班牙的念头。

---

[1]　Ceuta，位于直布罗陀海峡沿岸，是西班牙在北非的属地。

当时西哥特王国内部发生的一系列事件已经无法被准确复原，不过公元710年，维提扎国王去世时；这个国家内部已经出现了内讧的苗头。罗德里克国王（Roderic，公元710—711年在位）即位后，他的反对者其中可能还包括维提扎国王的儿子们，有可能暗中向穆斯林求援。

无论历史背后的真相究竟如何，公元711年夏天，一支阿拉伯——柏柏尔[1]联军，在塔里克·伊本·齐亚德[2]的率领下，横渡直布罗陀海峡。直布罗陀海峡就是以塔里克·伊本·齐亚德的名字命名的，这个地名在阿拉伯语里被称为"Jabalāriq"，也就是"塔里克之山"的意思。罗德里克国王随后在西班牙南部，某个叫瓜达莱特的地方爆发的一场战役中战败身死，西哥特王国很快分崩离析。

不同城市和地区坚持抵抗的时间不尽相同，然而最早在公元716年，阿拉伯人便已经开始在西班牙发行使用西班牙—阿拉伯双语的货币。随后500年当中，伊斯兰势力主宰着伊比利亚半岛。

受制于自身犯下的大量罪恶，再加上维提扎国王儿子们的背叛，哥特人踏上了逃亡之路。军队试图摆脱灭顶之灾，却几

---

[1] Berber，北非民族，"柏柏尔"这个说法源自拉丁语barbari，"野蛮"的意思。
[2] Tariq ibn Ziyad，柏柏尔人，后皈依伊斯兰教，他当时率领的其实是穆斯林入侵西班牙的小批先头部队，却赶在大部队到来前打败了西哥特人。

乎遭到全歼。哥特人离弃了自己的国王，不愿为他正直而忠诚地服务，国王也离弃了自己的百姓，他们因此无法在自己挚爱的土地上继续居住。

《阿方索三世[1]编年史》（出版于 19 世纪晚期）

对哥特人而言，穆斯林对西班牙的占领标志着他们那段从斯堪的纳维亚半岛出发，一路投奔罗马帝国的传奇迁徙历史的终结。从那以后，再没有疆域能够跟东哥特王国和西哥特王国比肩的哥特人王国被建立起来。

不过，哥特人却并没有就这样淡出历史舞台。恰恰相反，历史记忆与神话虚构相互融合，演绎出了他们引人注目、丰富多样的"来生"，其中的某些故事甚至连亚拉里克大帝时代、西奥多里克大帝时代、雷卡雷德国王时代的哥特人自己都不知道。

这种具有丰富多样性、戏剧性的演绎对西方历史的意义，本书后续章节将做出解读。

---

[1] Chronicle of Alfonso III，他是 1248—1279 年在位的葡萄牙国王。

第 5 章
文艺复兴和宗教改革[1]

---

[1] Reformation，指 16 世纪西方的宗教改革运动。

公元711年，西哥特西班牙陷落于阿拉伯人之手，最后一个独立的西哥特国家，至此便从历史上消失了。哥特人对他们曾经统治过的那片土地的影响，当然不会一夜间烟消云散。从巴尔干半岛和意大利，再到高卢南部地区以及西班牙，都生活着哥特人的孑遗。然而，中世纪却没有任何一个成规模的国家可以声称自己是哥特人的嫡系传人，抑或间接继承了他们的遗产。

就这样，现实中的哥特人离开了我们的视野，取而代之的是查理曼大帝以及那些神圣罗马帝国皇帝们观念中的"哥特人"。文艺复兴时代和宗教改革时代，"哥特"这个知识都被重新定义，用于新的领域，从而建构出两种截然相反的哥特人形象。

对文艺复兴时代的艺术家和作家来说，哥特人是备受他们推崇的古典时代文化遗产的毁灭者。对宗教改革运动中的改革者而言，哥特人则象征了罗马压迫背景下，青春的锐气和自由。[1] 于是，历史上真实的哥特，与后来作为一种文化被定义的"哥特"，发生了分裂。这种分裂状态一直持续到今天。

站在今天的立场上回望历史，我们可以很容易地理解，为什么哥特人会被边缘化为一种"失落的文明"。公元4—8世纪，哥特人先后统治过的那些地区，后来分别走上了不同的道路，其中却

---

[1] 用知识考古学的术语来说，"哥特"这个概念成为一种可以被不断建构和解构的"知识"，至于如何建构和解构，则取决于不同立场的知识权力关系。

图 24 罗马查理曼大帝骑马雕像；与传说中从拉文纳迁移到罗马，随后遗失的西奥多里克大帝像可能不仅仅是相似那么简单

没有一个新政权拥有哪怕非常牵强的理由，可以宣称自己是哥特的传人。

西哥特王国灭亡后，统治西班牙的是穆斯林阿拉伯人。与此同时，公元 6 世纪以后，定居巴尔干半岛的主要是斯拉夫民族（Slavic tribes）。意大利则从那时开始，沦为战场。查士丁尼一世收复失地的功绩，仅仅比这位皇帝的寿命稍微长那么一点儿。公元 568 年，伦巴底人从北方出兵与东罗马帝国开战，同时开始争夺教皇的选拔权，意在控制这个四分五裂的半岛。

从阿尔卑斯山直到高卢，法兰克人主宰着西欧地区。他们先是建立了墨洛温王朝[1]，后来又建立了以查理曼大帝为代表的加洛林王朝[2]。在法兰克人撰写的战争史中，哥特人向来是传统的敌人和阿利乌派异教徒。他们命中注定就应该被法兰克人打败并取代，因为后者才是罗马帝国名副其实的继承人。

这一切并不意味着哥特人会被遗忘。中世纪浩如烟海的编年史中，他们在灭亡西罗马帝国过程中扮演的角色，遭到一次又一次的演绎。保罗[3]（公元 720—799），一位出身高贵的伦巴底人，他

---

[1] Merovingian dynasty of Clovis，法兰克王国的第一个王朝，时间跨度公元 481—751 年。

[2] Carolingians of Charles Martel，始于公元 751 年，是法兰克王国的鼎盛时期。

[3] Paul the Deacon，当时伦巴底的一位教会执事。

撰写的《伦巴底史》(*Historia Langobardorum*)，是我们了解伦巴底人历史的主要信息来源。这位教会执事就曾将本民族的起源追溯到与哥特人以及其他凶猛、彪悍族群相同的北方地区。

　　哥特人的英雄故事，传说和历史得到了广泛传播，西奥多里克大帝则是其中最受关注的热点。他被建构成了一位威名远播的军事领袖，同时也是一位铁腕暴君。即便查理曼大帝本人，也对这位东哥特国王表示出相当的敬意。公元 801 年，也就是公元 800 年圣诞节，加冕称帝仅仅一年以后，查理曼大帝造访拉文纳，看到一尊雄伟的西奥多里克大帝骑马雕像。随即下令将这尊雕像移走，安放在亚琛[1] 他自己的宫殿里［拉文纳大主教阿格尼勒斯（Agnellus of Ravenna），《拉文纳教皇、教堂书》(*Book of Pontiffs of the Church of Ravenna*)］。

　　西奥多里克大帝的形象在中世纪的矛盾性，体现了哥特人这个形象本身的复杂性。站在不同立场上审视，西奥多里克大帝可以被奉为查理曼大帝的前辈，被冠以 "translatio imperii" 的头衔，也就是 "将罗马帝国的伟力和光荣，传承到日耳曼民族身上" 的意思。与此同时，西奥多里克大帝还可以被视为迫害 "唯一正确宗教" 的阿利乌异教者。波爱修、西马丘斯，还有教皇约翰，这三个人的死，

---

[１]　Aachen，今德国境内。

都被视为西奥多里克大帝平生无法洗刷的污点。

作为整个西方自罗穆路斯·奥古斯以后，首位获得加冕的君主，查理曼大帝取代西奥多里克大帝成了罗马帝国遗产的继承人。他所统治的国家，疆域更加辽阔，随后还在今天德国的范围内，逐渐升级为神圣罗马帝国[1]。教皇利奥三世[2]的加冕，则让他获得了基督教的正统身份。查理曼大帝的风头由此压过了西奥多里克大帝；法兰克人的风头，顺理成章地也就压过了哥特人。后来的人们因此开始漫长的口水仗，争论查理曼大帝到底应该算是法国人，还是德国人。

中世纪对于哥特人的丰富想象，集中体现在 12 世纪的两部著作当中。弗莱辛的奥托是巴伐利亚主教（Bavarian bishop），还是公元 1155—1190 年在位的神圣罗马帝国皇帝腓特烈一世[3]的叔叔。他编纂的《双城史》可能是中世纪独一无二、最伟大的综合性历史专著。这本书的叙述范围以人类始祖亚当为起点，止于作者本人生

---

［1］ the Holy Roman Empire，公元 962 年，德意志国王、撒克逊的奥托一世在罗马由教皇约翰十二世加冕称帝，成为罗马的监护人和罗马天主教世界的最高统治者。1157年开始，德意志帝国被称为神圣罗马帝国，又称德意志第一帝国，鼎盛时期包括今天的德国、奥地利、意大利北部和中部、捷克、斯洛伐克、法国东部、荷兰、比利时、卢森堡和瑞士。1871 年，普鲁士统一德意志，神圣罗马帝国的历史至此终结。
［2］ Pope Leo Ⅲ，公元 795—816 年在任。
［3］ Frederick Barbarossa，又被称为"红胡子"或"巴巴罗萨"，是神圣罗马帝国霍亨斯陶芬王朝首位皇帝。

活的年代，引述了大量与哥特人有关的史料，其中也包括约达尼斯的《哥特史》。

不过，弗莱辛的奥托与约达尼斯对哥特人的看法却不尽相同。前者将哥特人视为勇敢的战士，同时也是异教者和野蛮人，亚拉里克大帝攻陷罗马城的行为是对罗马帝国的放肆和羞辱。这座城市后来虽然先后落到了奥多亚克和西奥多里克大帝手中，西奥多里克大帝却没有资格继承罗马人的荣光：

> 除掉奥多亚克后，西奥多里克大帝动身进城，受到部分百姓的热烈欢迎。看到一个国家悲惨的灭亡，看到一个曾经凭借智慧和力量主宰世界的民族堕落成如此孱弱的模样，任凭一个野蛮的暴君将自己践踏在脚下，任凭自己被奴役于严酷的暴政之下。被一个未开化的野蛮人拯救，并不同时意味着自由。
>
> 记住这些人如何为了摆脱一位暴君，饱含着臣服和敬意，接受了另一位暴君。
>
> 《双城史》

弗莱辛的奥托随后追忆了波爱修、西马丘斯、教皇约翰三个人的死，引述了教皇大贵格利杜撰的故事，故事大意是西奥多里克大帝后来被扔进了意大利南部的某座火山。同时声称应该是法兰克人而不是哥特人，才有资格继承罗马人的衣钵，还对查理曼大帝大加赞赏：

> 执政的第 33 年，查理曼大帝在贵族身份的基础上更进一步，被教皇加冕，同时授予"奥古斯都"的称号，成为奥古斯都的第 69 代传人。

哥特人在促使西罗马帝国崩溃的过程中，可能发挥了重要作用，然而弗莱辛的奥托却认为这个野蛮还信奉异教的民族，没有资格成为罗马帝国伟力和光荣的传承人。

弗莱辛的奥托撰写的《双城史》是一部学术性比较强的综合类历史专著，预期读者是那些受过教育、有一定文化水平的人。中世纪，哥特人的传说和早期日耳曼人迁徙的历史，主要以口头通俗故事的形式获得广泛传播。此类故事形式多样，如今有很多已经失传。1200 年前后，某位不知名的奥地利云游诗人，把那些流传下来的故事整合成了一首宏大的史诗，这就是《尼伯龙根之歌》。

《尼伯龙根之歌》以中古高地德语[1]写就，包含将近 2400 节，4 行为 1 节，押韵、对仗的诗句。史诗前半部分是屠龙英雄齐格弗

---

[1] Middle High German，1050—1350 年使用的古代德语。

里德的故事。这位英雄获得了勃艮第公主克里姆希尔特的芳心，却因别人的嫉妒以及对恶龙宝藏的贪婪，遭到谋杀。史诗第二部分，重起炉灶，讲述了克里姆希尔特的复仇故事。这位公主后来嫁给了东方的匈人国王埃采尔，她将杀害齐格弗里德的凶手诱骗到宫中，以血腥的方式报仇雪恨，然后自杀。

《尼伯龙根之歌》大体上包含了很多类似齐格弗里德故事的这样没有事实依据的神话传奇，也吸收了很多受那些有教养观众推崇的基督教价值观和骑士精神。与此同时，这部史诗也保存了很多颇具启发意义的历史片段，以及随着时光流逝不断演绎的古老传说。

埃采尔指的就是匈奴王阿提拉，只不过他在《尼伯龙根之歌》里的形象，反倒比很多日耳曼蛮族形象少了不少野性。来到王宫参加埃采尔和克里姆希尔特婚礼的英雄，名叫狄特里希·冯·伯尔尼。这个"伯尔尼"（Bern），指的不是瑞士伯尔尼，而是德语对意大利城市拉文纳的叫法。至于狄特里希，原型无疑就是西奥多里克大帝。

正如《尼伯龙根之歌》描述的那样，狄特里希 / 西奥多里克大帝是一位贵族骑士，他在这部史诗残酷的结局中，以一位讲信用的孤傲英雄形象出现。虽然身处流亡生活，狄特里希却凭借他的慷慨大度和拥趸众多，声名远播。在埃采尔和克里姆希尔特婚礼的骑马比武环节中，他试图阻止克里姆希尔特替被谋杀的齐格弗里德复仇

图 25 《婚礼前的匈人国王埃采尔和勃艮第公主克里姆希尔特进入维也纳》，阿尔宾·艾格—利恩茨 (Albin Egger-Lienz，1868—1926)，1909 年

的计划，还拒绝了她的求助，声称："齐格弗里德不可能借狄特里希的手，大仇得报。"

虽然狄特里希竭力阻拦，冲突最终还是发生了，他继续力争实现和解，甚至不计较自己追随者的丧命。被迫动手以后，通过公平决斗，他先打败了哈根又打败了甘瑟，把这两个人带到克里姆希尔特面前。虽然这意味着他们大难临头。

伯尔尼的英雄说："高贵的王后，

我今天交给你的乃是两位堂堂的骑士，

他们以前从未因为被俘虏而去做人质。

看我的面子，请别把这两名异乡人处死。"

王后答应说，她乐意按照他的吩咐办事，

狄特里希于是眼里含着热泪离开两名勇士。

可是克里姆希尔特不久便开始血腥复仇，

把那两名杰出的异国英雄通通杀死。

《尼伯龙根之歌》不知名的作者是位诗人，不是历史学家。弗莱辛的奥托知道这点，因此明智地没有将那些把匈奴王阿提拉和西奥多里克大帝当成同代人的故事，收入自己的编年史。

虽然《尼伯龙根之歌》把狄特里希的形象塑造得更接近一位理想主义的基督教骑士，而非作为他原型人物的西奥多里克大帝，但这部史诗以及其他相关传说，还是通过民间故事的形式比那些学术性的历史著作，更鲜活地保存了关于西奥多里克大帝和早期哥特人的记忆。

尽管在某些历史时期，例如将查理曼大帝的地位放在所有哥特君主之上的时期，这些故事的影响力非常有限。然而作为日耳曼民族的早期史诗，随着19世纪德国国家意识的兴起，《尼伯龙根之歌》以及它所讲述的那些英雄们，却被赋予了某种新的重要性。

就这样，哥特人在中世纪逐渐沦为影子似的存在，半是真实，半是神话。他们在罗马帝国覆灭过程中扮演的角色之所以能被后人铭记，部分是因为公元410年，亚拉里克大帝攻陷罗马城的壮举；部分则是因为围绕着西奥多里克大帝的那些故事。然而，哥特人留下的遗产还是被顶着"罗马帝国真正继承人"名号的法兰克人鹊巢鸠占。

针对哥特人态度的决定性改变，发生在意大利文艺复兴时代。类似弗莱辛的奥托那样的历史学者，将历史视为一条始终向前流动、没有分岔的河流，从远古时期一直"流淌"到他们生活的时代[1]。文艺复兴时代的学者延续了这种传统，也有自己独特的理解。在看到历史不断向前发展的同时，文艺复兴时代的作家、艺术家和建筑师还看到了一个失落了的、理想化的，被野蛮和黑暗尘封了几个世纪的古典世界。这种世界观戏剧性地让终结古希腊—罗马文化的哥特人和日耳曼蛮族入侵，重新浮出历史地表。

文艺复兴运动兴起于 14 世纪中叶的佛罗伦萨，建立在古典时代知识复兴的基础之上，由此引发了对历史的一种全新解读。通常被誉为"人文主义之父"（Father of Humanism）的彼特拉克（1304—1374），将历史划分为两个阶段。古典时代的光芒终结于罗马帝国的衰亡，欧洲由此进入了黑暗的中世纪。彼特拉克没有明确指出是日耳曼蛮族的入侵导致了这种衰亡，也没有自认生活在一个光芒重新普照的黎明时代。然而他的看法却构成了那种将文艺复兴视为文明回归的观念，以及历史三段划分法的基础，即认为在文明的古代和现代之间，隔着一个更野蛮落后的时期，也就是众所周知的中世纪。

文艺复兴时代的这种说法——将哥特人描述为引发罗马帝国崩溃的导火索——较早的版本，可以在体现文艺复兴历史观的一批早

---

[1]　指目前受到西方史学界反思的进化论线性史观，特点是将历史视为一条有起点、有终点，不断进化发展的直线，这条线是时间性的，前后相继，不会重复、不会倒退，与之相对的则是以知识考古学和系谱学为基础的空间化历史观，即将历史视为一个混沌、多元、众声喧哗的共时性空间。读者可参考福柯《词与物》，王德威《想象中国的方法》。

期重要著作中找到，例如弗拉维奥·比昂多[1](1392—1463) 的《罗马帝国兴亡史》(*Decades of History from the Decline of the Roman Empire*)。弗拉维奥·比昂多的叙述跨度涵盖了从罗马帝国直到他生活时代的前后千年时光，以亚拉里克大帝攻陷罗马城为起点。

> 大概在这座城市奠基的第 1164 个年头，基督教纪元的公元 412 年，罗马帝国拉开了灭亡的大幕。

虽然弗拉维奥·比昂多把亚拉里克大帝攻陷罗马城的日期，即公元 410 年，误记成了公元 412 年，可他却明白无误地断言，罗马帝国的衰落起自哥特人对罗马城的入侵。相比之下，公元 476 年，罗慕路斯·奥古斯都不光彩地被废黜，则仅仅意味着罗马帝国衰落的一个阶段，而非彻底崩溃。尽管弗拉维奥·比昂多同时还对公元 6 世纪末帝国最终覆灭以前，西奥多里克大帝重整意大利河山，恢复国家繁荣的功绩大加赞赏。

不止弗拉维奥·比昂多一个人如此评价这位东哥特国王，1520 年代，马基雅维利[2]在撰写《佛罗伦萨史》(*History of Florence*)时，

---

[1] Flavio Biondo，意大利人文主义者，历史学家。

[2] Niccolò Machiavelli，意大利政治思想家和历史学家，1469 年生于佛罗伦萨，他的思想体系被概括为马基雅维利主义。

图 26　拉斐尔《雅典学派》，创作于 1509—1511 年，寓意因遭受日耳曼蛮族侵扰消失的古典文明在文艺复兴时代回归

引用了弗拉维奥·比昂多的文字，其中包括一段对西奥多里克大帝功绩的颂词。虽然马基雅维利把波爱修和西马丘斯的死归因于西奥多里克大帝的嫉妒，这位哥特国王还获得了最高评价。

西奥多里克大帝主政意大利的 38 年当中，引领这个国家走向强大，旧有的创伤由此得到修复。

　　文艺复兴历史观对哥特人的态度，不能被认为是盲目的敌意，而是毁誉参半。然而，文艺复兴时代，哥特人现代形象的建立其实并非集中在历史领域。那个时代对哥特人的评价，以及所谓的"哥特文化"概念，主要出自艺术和建筑领域。尽管瓦萨里[1]（1511—1574）作为托斯卡纳画派[2]的代表画家和建筑师而享有盛名，但他之所以能被后人铭记，主要还是凭借那本名为《艺苑名人传》的书。

　　这本书首次出版是在1550年，1568年经修订后再版，为我们了解文艺复兴时代的艺术世界提供了宝贵的切入点。

　　正如前面所说，瓦萨里不仅仅是一位传记作家。作为现代艺术史研究的开创者，他将从古典时代到自己生活年代，即"古典复兴时代"的艺术家们，按照进步和落后的标准做出了划分。就连文艺复兴时代本身，也被他参照人的生长周期划分为三个阶段。也就是从奇马布埃[3]到乔托[4]的重生阶段，从吉贝尔蒂[5]到多那泰罗[6]的青春期阶段，以及从达·芬奇、拉斐尔到米开朗基

---

[1]　Giorgio Vasari，意大利文艺复兴时期文艺理论家。

[2]　Tuscan，又称佛罗伦萨画派，以达·芬奇为代表。

[3]　Cimabue，生于佛罗伦萨的意大利画家。

[4]　Giotto，奇马布埃的学生。

[5]　Ghiberti，意大利文艺复兴时期青铜雕刻家。

[6]　Donatello，意大利文艺复兴时期雕塑家和画家。

罗的成熟和完美阶段。瓦萨里还认为，古典时代的艺术成就在文艺复兴时代不仅被模仿，同时也被超越。

《艺苑名人传》中介绍文艺复兴时代每个阶段的章节前，都有一篇体现瓦萨里对于文化史理解的前言。他提出的很多观点影响非常广泛，其中也可以找到针对哥特人的评价。

在论述文艺复兴三个阶段的第一篇前言中，瓦萨里历史性地讲述了古希腊和古罗马时代，直到奇马布埃生活的 13 世纪。经历过古典时代的繁荣以后，各个门类的艺术在君士坦丁大帝时代其实就已经出现了衰败的苗头。虽然基督教的兴起导致很多庙宇和塑像遭到毁坏，不过更严重的破坏还是出自蛮族之手：

> 这个野蛮、残暴的族群，只是徒具人类的外形和名分，实际根本不能算人。西哥特人作为其中的一分子，拥立亚拉里克为帝，侵入意大利，两次攻陷罗马城，亵渎了他们遇到的一切东西。

可能只是因为觉得细节方面不太可靠，瓦萨里才没在自己的书中采纳圣杰罗姆和圣奥古斯丁关于亚拉里克大帝攻陷罗马城后，保护教堂的说法。不过，他对哥特人的敌意仍然显而易见。步西哥特

图 27　米兰大教堂（Milan Cathedral），其中的很多设计元素备受瓦萨里指责

人的后尘，相继攻陷过罗马城的还有该赛里克酋长率领的汪达尔
人，以及阿陶尔夫率领的东哥特人。他们给罗马城带来的破坏其实
都要严重得多，只不过这段被历史尘封的往事，直到最近才被旧话
重提。

　　瓦萨里认为哥特人对建筑领域造成的破坏尤其突出。日耳曼蛮
族入侵以后，古典时代的大师们死于非命，他们的作品则沦为废墟

瓦砾，一种新的建筑形式由此兴起。正如瓦萨里在他撰写的前言中所说的那样：

> 这类新作品属于另一个流派，在装饰和结构方面都跟古代和现在的作品有很大区别，可以被称为"日耳曼式"。它们偏离了所有为我们所熟知的规则，代表了恐怖和野蛮。今天，杰出的建筑师不会从这些建筑中寻找借鉴，反倒应该引以为戒。
>
> 的确，这类建筑更应被视为混乱和无序的代表，它们数量众多，玷污了这个世界。建筑内部仿佛酒瓶开塞钻一样纤细、扭曲的立柱，不堪重负地支撑着门廊的屋顶，虽然屋顶看起来不沉。所有墙面以及其他装饰性部位，修造了那么多一个摞一个、可诅咒的石棺[1]，雕刻了那么多建筑无法承受的锥形、星形和叶形纹饰。
>
> 显而易见，这些建筑更像是用纸而不是石头和大理石修建的，它们的结构连自身重量都承受不了。

备受瓦萨里非议的"日耳曼式"建筑，指的就是中世纪的欧洲建筑。这些混乱和无序的建筑，被用来充当象征秩序和均衡的古典

---

[1]　指哥特式建筑代表性的束柱结构。

时代建筑的反面教材。他没有丝毫迟疑地认定了应该为这种野蛮创新负责的人：

> 这种风格是哥特人的发明。古典时代建筑遭到他们毁坏，相关建筑艺术因战乱失传以后被重新修建，延续至今的建筑就是这种风格。哥特人将拱顶结构设计为跨度 1/4 圆周的尖顶[1]，在意大利各处修满了此类该死风格的建筑。它们所代表的设计理念应该被全部废弃，以免继续添砖加瓦。
>
> 上帝保佑，每片土地都能远离这种设计理念的侵扰，远离这样的建筑。

瓦萨里本人实际从未用过"哥特式"这个词形容此类建筑风格，他用的是"日耳曼式"，然而他颇具影响的评价却在这个概念的逐渐成形过程中，发挥了重要作用。事实上，哥特人根本没修建过那些现在被称为"哥特式"的中世纪教堂。

就像本书最后一章还要谈及的那样，"哥特式"这个概念的产生，归因于 16 世纪以后，"哥特"这个符号在文化和政治领域不断水涨船高的地位。大体而言，瓦萨里的《艺苑名人传》对文艺复兴

---

[1] pointed arche，指哥特式建筑代表性的尖肋穹顶。

时代"哥特人"和"哥特式"两个概念的界定，只是重新强调了将他们视为古典时代毁灭者的旧有观念。

文艺复兴的最高潮时期，出现了第二波和此前相比，同等重要的思潮，这股思潮对后世理解"哥特"这个知识，产生了深远影响。宗教改革运动（Protestant Reformation）通常被认为肇始于 1517 年 10 月，以马丁·路德[1]的《九十五条论纲》问世为标志。

宗教改革者们关注的焦点，自然集中在基督教的戒律和教义方面，不过这场改革同样主张重新考量教堂和国家的历史。文艺复兴时代推崇以古希腊—罗马为代表的古典世界，蛮族作为西罗马帝国的掘墓人，则被针锋相对地视为它的反面。宗教改革运动的主张却是从以罗马为象征的教权下解放出来的。站在这个立场上看，哥特人就不再是反面典型，而是充满勇气和理想，为了自由反抗罗马暴政和堕落行为的神圣英雄。

中世纪将哥特人视为罗马帝国继承人、文艺复兴时代将哥特人看作罗马帝国掘墓人，在这两种观念的基础上，宗教改革者重新阐述历史，对哥特人和他们留下的遗产提出了与瓦萨里完全不同的看法。

马丁·路德的《九十五条论纲》问世不到 20 年，约翰·卡

---

[1]　Martin Luther，16 世纪宗教改革运动发起人，创立路德派新教。

图 28 彼得·维舍尔（Peter Vischer the Elder）创作的西奥多里克大帝像；原陈列在查理五世祖父神圣罗马帝国皇帝马克西米利安一世（Maximilian I）的宫殿内，今保存于茵斯布鲁克（Innsbruck）的宫廷教堂，创作于1512—1513年

里昂 (1499—1537) 编纂了一本讲述跨度涵盖人类始祖亚当，直到 1532 年的世界编年史。约翰·卡里昂被墨兰顿[1] (1497—1560) 誉为宗教改革的领军人物、马丁·路德的同盟者。他去世以后，墨兰顿重新校订了他那本编年史，增加了很多体现宗教改革时期历史观的内容。

这本名为《论文》(*Theses*) 的书不光在德国，也在英国广受欢迎，再版过很多次，被翻译为多种文字。它将哥特人塑造为执行上帝意志的惩罚者形象。公元 251 年，他们杀死罗马皇帝德基乌斯是因为后者迫害基督教。同样，公元 378 年，哥特人杀死罗马帝国东部皇帝瓦伦斯，是因为他对上帝不敬，推崇属于异端的阿利乌派。不过，面对这个时期多数哥特人其实也是这种异端信徒这一事实，作者却避而不谈。

顺理成章，亚拉里克大帝攻陷罗马城也就不再是野蛮人的暴行，而是对罗马人堕落行为的惩罚和纠正：

亚拉里克大帝没有毁掉这座城市，还下令手下放过那些躲进基督教堂寻求庇护的人。

亚拉里克大帝的追随者后来定居在西班牙，因此：

---

[1] Philip Melanchthon，马丁·路德的朋友，新教神学家。

哥特人就是那些西班牙基督教君主的祖先，这个群体当中诞生了有史以来最伟大的君主，查理五世[1]。

查理五世在位期间，不仅将势力范围从德国和意大利拓展到西班牙，还在美洲建立了属于西班牙的殖民地。西哥特人由此成了 16 世纪最强悍统治者的祖先。

东哥特人受惠于他们的西哥特表亲，也开始受到人们称颂。西奥多里克大帝，此时还被称为"狄特里希"，摇身一变，成了将罗马人从奥多亚克暴政统治下解放出来的英雄。他和他治下那些哥特臣民信奉阿利乌异端的事实则被忽略不计，人们记住的只有对这位英雄的敬仰。

他无限热爱和平，异常受意大利拥护。正如历史记载的那样，意大利没有比他更友善、温和的异国君主。

匈奴王阿提拉攻陷罗马城，可以被认为是这座城市遭受过的最严重破坏。即便如此，他还是被打造成对罗马人非常友好的形象，就像亲生父亲对他的孩子那样。贝利萨留和纳尔西斯两人最终

---

[1] Charles V，1500—1558 年在位的西班牙国王，被加冕为神圣罗马帝国皇帝，西班牙在他的统治下达到全盛。

灭亡意大利的哥特王国后，西奥多里克大帝和匈奴王阿提拉仍然被视为：

> 非常睿智而且有勇气的君主，正如他们的高贵言行已经证明的那样。两位君主凭借美德赢得了尊敬，他们因此不应再被称作"蛮族"。

在谁是罗马帝国传承人这个老生常谈的问题上，查理曼大帝加冕典礼的重要意义保持不变，罗马人的正统却被认为最终传到了日耳曼人手里。与四个世纪以前弗莱辛的奥托说法不同，约翰·卡里昂将哥特人描述为这光辉一页的重要元素，他们扬弃了自身的野蛮性和信仰的异端，延续了来自罗马统治者的智慧，给西欧带来了一种新的生活方式。

宗教改革运动早期，出现了一本跟瓦萨里的《艺苑名人传》非常相像的书，这就是海因里希·潘塔莱昂[1]的《国家英雄》（*Heldenbuch Teutscher Nation*）。

海因里希·潘塔莱昂是一位居住在巴塞尔[2]的神学家和物理学

---

[1]　Heinrich Pantaleon，1522—1595 年，瑞士医生，生理学家，人文主义者。
[2]　Basel，瑞士第三大城市。

家，英国清教徒约翰·佛克塞[1]的朋友。前者在流亡瑞士期间，以约翰·佛克塞记载英格兰和苏格兰新教圣徒的著作为蓝本，在1563年，撰写了这本讲述欧洲大陆同类历史的书。作为海因里希·潘塔莱昂最具影响力的作品，《国家英雄》是一部记载从古代直到作者生活的那个年代，众多日耳曼蛮族名人的百科全书。亚拉里克大帝、阿陶尔夫、西奥多里克大帝，还有匈奴王阿提拉的故事分别占据了很大篇幅。

亚拉里克大帝的慈悲受到赞颂，因为他在罗马城陷落期间保护了教堂。阿陶尔夫则凭借加拉·普拉西提阿丈夫的身份，以及率领哥特人挺近高卢和西班牙的经历，被人们铭记。此时西奥多里克大帝肖像上的名字一般被写为"Theoderic of Verona or Bern"，依靠自身强大的威信、智慧和力量，治理意大利30年，虽然在他统治末期已然败象初露。对于匈奴王阿提拉，冗长得惊人的文字则称赞他抵抗查士丁尼一世和贝利萨留的进攻，为了维护哥特式的道德准则、减少战乱造成的损失，他在罗马城里殚精竭虑。

西哥特人和东哥特人在海因里希·潘塔莱昂对日耳曼民族历史的想象中，都扮演了重要角色。《国家英雄》开头以书信体的献词方式，讲述了在神圣天意的指引下，罗马帝国的荣光传承到了日耳

---

[1] John Foxe，16世纪英国历史学家，新教牧师。

曼民族手中。查理曼大帝虽然仍是这个传承故事不可或缺的结局，海因里希·潘塔莱昂却在介绍历史最悠久、知名度最高的日耳曼人过程中，特别密集地提到了亚拉里克大帝和西奥多里克大帝这两个名字，称赞他们延续了罗马帝国的辉煌。

16 世纪下半叶，两种针对哥特人历史截然相反的解读，就这样在欧洲大陆和英伦三岛广泛流传。文艺复兴运动对古典世界的向往，不可避免地引发了对那些攻陷罗马城、横扫整个罗马帝国的哥特人的敌意。与此同时，来自古代日耳曼王国的英雄传说，以及宗教改革运动反罗马天主教会的情绪，则又会激起对哥特人的历史成就，以及他们那些军事领袖美德的赞赏。

威胁文明世界的蛮族——自由的追求者，两套历史话语相互作用，构建了今天的我们对于"哥特人"和"哥特式"，这两个知识的历史想象。两套充满张力关系的历史话语，在伊丽莎白时代的英国创造性碰撞出绚丽的火花，催生了一部经常被忽略的莎士比亚作品——创作于 1594 年前后的《泰特斯·安德洛尼克斯》。

在《莎士比亚全集》中，《泰特斯·安德洛尼克斯》算不上特别有名，反倒因其令人厌恶的暴力性，以及全剧最后一幕在舞台上摆满尸体的布景而臭名昭著。这部作品是否真的能和莎士比亚的才华相称，曾是个老生常谈的话题，虽然现在普遍公认它确实出自莎士比亚之手。

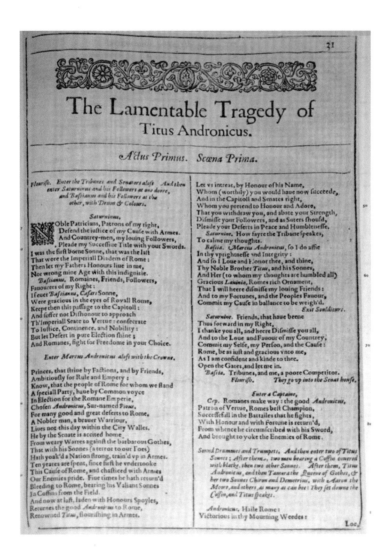

图 29　出自首部《莎士比亚戏剧全集》的《泰特斯·安德洛尼克斯》扉页

哥特人在这部阴谋迭出的戏剧中扮演的是个复杂角色，经常还是个矛盾角色，相应地，对这些角色的解读也总在变化。不同于莎士比亚后期那些更著名的罗马题材作品，例如《裘力斯·恺撒》（*Julius Caesar*）和《安东尼与克莉奥佩特拉》（*Antony and Cleopatra*）。《泰特斯·安德洛尼克斯》没有设定明确的历史背景，题目起的也非常小说化。故事的发生时间大致在罗马帝国晚期，狄奥多里克王朝[1]时代。开场情节是争夺王位的萨特尼纳斯和巴西安纳斯两兄弟，迎接出征讨伐哥特人的大将军泰特斯得胜归来。

泰特斯身后跟着他的战俘，哥特皇后塔摩拉和她的三个儿子，阿拉勃斯、契伦还有狄米特律斯。按照罗马帝国的风俗，泰特斯下令将阿拉勃斯献祭。作为报复，此时成为罗马帝国新任皇帝萨特尼纳斯新娘的塔摩拉，受情人艾伦蛊惑，阴谋杀害了巴西安纳斯，还指使契伦和狄米特律斯野蛮奸污并蹂躏了泰特斯贞洁的女儿拉维妮娅。

泰特斯的儿子路歇斯召集一支哥特军队解放了堕落的罗马城以后，泰特斯又开始了他的复仇，把契伦和狄米特律斯杀死，做成肉饼，送给他们的母亲。流血事件至此达到高潮，泰特斯先杀了拉维妮娅和塔摩拉，萨特尼纳斯随后杀了泰特斯，最终路歇斯又在哥特

---

[1] Theodosian dynasty，公元 4 世纪末到公元 5 世纪初。

士兵的帮助下，杀了萨特尼纳斯，还被拥立为王。

毫无疑问，莎士比亚将剧中的残暴血腥归结于哥特人的性格使然。哥特人第一次出场，就被形容为“残暴的”（barbarous）。塔摩拉则迅速让萨特尼纳斯屈从于自己的意志，劝说他答应表面向泰特斯和他的儿子们表示友善，暗中却要找机会把这些人都杀了。

与塔摩拉相对的角色是贞洁的拉维妮娅，她可能也是这部剧里唯一无辜的人。塔摩拉生性放荡，她甚至在自己结婚的第二天早上，还跟情人艾伦厮混。他们生下的混血儿子，影射的是阿陶尔夫和加拉·普拉西提阿所生之子，实际又蕴含了更多负面意味。

拉维妮娅请求塔摩拉看在同为女人的份儿上，不要为难她。后者表示拒绝，还奉劝泰特斯的这位女儿要认命：

> 我凭什么剥夺我可爱的儿子们应得的报偿？不！就让他们在你身上找找乐子吧。

强奸、蹂躏拉维妮娅的一幕象征性地发生在后台，为了不让她反抗，拉维妮娅的舌头被割了下来，双手也被剁了下来。暴行过后的一段玩笑话，揭示了哥特人野蛮性中最恶劣的一面：

> 狄米特律斯：好吧，如果你的舌头还能说话，现在就说出

来，是谁割了你的舌头，还强奸了你？

契伦：把你的想法写下来，展露你的心意，只要你的残肢还能写字。

狄米特律斯：倒要看看她怎么乱七八糟地写字、说话。

契伦：回家吧，要点干净水，洗洗你的手。

狄米特律斯：她没有舌头，不能要水，也没有手可以洗。

契伦：这不是我的错吧？我该去上吊了。

狄米特律斯：如果你还有手的话，可以帮她系绳子。

莎士比亚的用意绝非在野蛮的哥特人和文明的罗马人之间，做一个简单的二元对立。这部戏的血腥和复仇始于罗马人用阿拉勃斯献祭。塔摩拉向泰特斯求情，却遭到漠视，于是才提醒儿子契伦注意，西锡厄人[1]的野蛮程度连罗马人的一半都赶不上。随后，安德尼西当着所有人的面，宣布拉维妮娅将和巴西安纳斯成婚，这才迫使泰特斯杀了自己的儿子缪歇斯，同时有意作梗，阻止缪歇斯埋进自家祖坟。

用不着外来的野蛮性，罗马人自己的社会其实早就烂透了。哥特人的暴行令人恐惧，拉维妮娅无奈只能用嘴叼着小木棍，把仇人

---

[1]　Scythia，中亚古代民族，中文版《莎士比亚戏剧全集》译为"西徐亚"，相关注释为"亚洲国名，往时为野蛮之游牧民族所居"。

契伦和狄米特律斯的名字写在沙子上面。不过，泰特斯谋杀加吃人的复仇方式，同样好不到哪里去。

这就是他们，你精心养育的儿子，都在馅饼里烤熟了。

全剧最后大屠杀的一幕当中，罗马未来唯一的希望就落在了泰特斯的儿子路歇斯身上，这个角色开场时，见证了阿拉勃斯被献祭的全过程。为了寻求帮助拯救罗马，路歇斯跑到了几乎可以被解读为罗马文明继承者的哥特人那里。哥特人拥戴他成为领袖，自始至终对路歇斯保持忠诚，帮他报了同塔摩拉以及她儿子间的血仇。

一个哥特人：勇敢的逃亡者，来自伟大的安德洛尼克斯。

他的名字曾让我们恐惧，如今却感觉安逸。

他卓越的英雄业绩，正直高尚的言行，

罗马人却不知感恩，报之以下流的轻蔑。

加入我们吧，我们将追随你去任何地方，

就像炎炎夏日蜇人的蜜蜂，

由蜂王率领，飞往鲜花盛开的田野。

向可恶的塔摩拉复仇。

所有哥特人：正如这个人所说，我们全听从他的调遣。

　　我们是否能从这部血腥的悲剧中获得某些明确信息？《泰特斯·安德洛尼克斯》的结尾，舞台上横七竖八摆放着罗马人和哥特人的尸体，其中包括拉维妮娅、塔摩拉、萨特尼纳斯以及泰特斯本人。谢幕词呼吁重拾和平与正义，与此同时，全剧以艾伦被活埋饿死，塔摩拉的尸体被丢给野兽和禽鸟为食收场。毋庸置疑，类似这样的结尾实在很难让人看到希望的光芒，它背后隐含的是莎士比亚对哥特人本性的极大怀疑。[1]

　　戏演到这里，横亘在罗马人和哥特人之间的那道鸿沟就被填平了，善良和邪恶的界限变得模糊，哥特人同时身兼蛮族和潜在解放者的二重身份。莎士比亚的戏，至此呈现出分别源自文艺复兴和宗教改革的两种针锋相对却又同时共存，针对哥特人和他们遗产的文化观。随后的若干个世纪中，这两种文化观还将在英伦三岛和欧洲大陆演绎出多种多样的艺术形式。

---

[1]　作者这里使用的是源自语义学的文本细读法，感兴趣的读者可参阅李杨的《50—70 年代中国文学经典作品再解读》。

第6章

野蛮的自由

16世纪末，哥特人蛮族破坏者兼自由先驱者的双重形象，被欧洲知识分子群体广泛接受。更有甚者，哥特人还被人为添加上了很多他们本来没有的特质。他们的历史成就，被更直白地表述为，西罗马帝国的衰落以及随之而来各个日耳曼国家的兴起。

对文艺复兴时代和宗教改革时代的作者来说，哥特人始终被认为是个明确的历史上的民族，虽然他们的历史总有些说不清、道不明的地方。然而到17世纪和18世纪，"哥特"这个词却衍生出了更多的含义。尤其是在英语当中，某种程度上，差不多所有跟日耳曼和中世纪沾边的东西，都可以被认为是"哥特的"。这种现象源自欧洲现代早期，对于某些历史元素认识的转变。由此也为19世纪至今，突飞猛进的哥特文化奠定了基础。

就像文艺复兴时代的前辈一样，欧洲现代早期学者对历史的认识主要有两个来源，一个是古典时代的文化传统，另一个就是《圣经》。两个来源都激发了对于"哥特"这个知识更加多样化的解读。

当时，《圣经》仍然是各种关于人类起源问题无可辩驳的参考书。这本书声称所有族群的始祖，都可以追溯到挪亚的儿子们身上。大洪水退去以后，挪亚的后代散布到世界各地定居。按照《圣经·创世记》的说法，挪亚总共有闪、含和雅弗这三个儿子。叫雅弗的这个儿子，后来带着自己的子孙来到了欧洲。

日耳曼民族的准确起源经常存在争议，受到最广泛接受的哥特

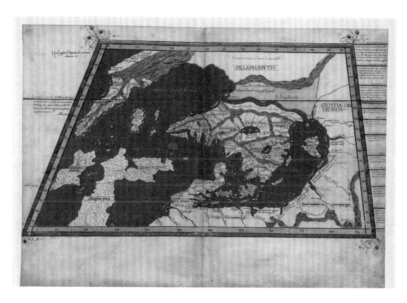

图 30　1467 年版托勒密星图描绘的斯堪的纳维亚半岛

族谱出现在 17 世纪的西哥特西班牙，作者是圣依西多禄。按照这份族谱的说法，挪亚的儿子雅弗后来生了 7 个儿子，其中最年长的两位，分别名叫歌篾和玛各。歌篾是加拉太人（Galatians），也就是高卢人的祖先，玛各则是斯基泰人和哥特人共同的祖先（《哥特国王和词源的历史》）。

哥特人由此成为所有日耳曼民族的代表，虽然按照圣依西多禄的说法，凯尔特人和高卢人的历史应该更悠久。《圣经》中关于哥特人祖先的说法，后来同文艺复兴时代被重新发现的约达尼斯《哥特史》中的说法，融合到了一起。哥特人被认为是曾经长期生活在北方的"Scandza"，也就是《哥特史》所说的"民族的蜂巢"或者"国家的子宫"，后来通常被写为"Scandinavia"。类似这样的说法，将繁杂的日耳曼民族支系整合到了一起。虽然他们各有各的历史，却分享着共同的哥特祖先。

那个时代，气候对民族精神的塑造发挥着关键作用。来自北方的部族凭借自身的勇气、活力和尚武精神而备受推崇，来自南方的部族老气横秋，二者之间泾渭分明。这些北方部族从斯堪的纳维亚半岛起家，横扫整个欧洲。他们可以被谴责为葬送古典文明世界的未开化的野人；也可以被赞颂为不受罗马帝国堕落风气浸染，自由、高贵的武士。

哥特—日耳曼形象构建中的最后一个重要环节，是另一本文艺复兴时代重见天日的古书——塔西佗[1]的《日耳曼尼亚志》。这本书创作于公元前98年，15世纪下半叶被重新发现。"日耳曼尼亚"（Germania）这个说法，指的是公元1世纪末期，生活在莱茵河流域和多瑙河流域以东地区的诸多部族。哥特人并没有出现在《日耳曼尼亚志》当中，因为塔西佗时代的古罗马人，还不知道有这样一个部族存在。

---

[1] Tacitus，普布里乌斯·克奈里乌斯·塔西佗，古罗马历史学家。

尽管如此，塔西佗发明的"日耳曼尼亚"这个概念，还是被现代早期学者用到了所有日耳曼民族身上，这其中当然也包括被视为日耳曼民族典型代表的哥特人。塔西佗虽然是位古罗马历史学家，然而这位历史学家对古罗马帝国的敌意，却在公元110—116年前后，他撰写《编年史》（*Annals*）时，通过针对朱里亚·克劳狄王朝[1]君主们的批评，表现得淋漓尽致。为了给自己所处的那个堕落社会树立一个反面，塔西佗对日耳曼民族极尽溢美之词。

相比奢靡、堕落的罗马帝国，日耳曼民族因为他们的简朴、勇敢、贞洁和热情好客受到世人钦佩，虽然某种程度上，懒散和酒后无德的小毛病也拖了他们的后腿。塔西佗对于日耳曼民族的评价，对后文艺复兴时代构建有关日耳曼法律和风俗的文化想象，发挥了重要作用。其中尤其重要的是他关于日耳曼民族政府体制的描述。塔西佗的描述，对英语世界的哥特想象产生了深远的影响：

> 小事由酋长负责处理，紧关节要的大事则由整个部落共同决定。虽然最终决定由部落成员集体做出，此前却还要先经过酋长们的讨论。除非事发突然，他们通常都在固定的日子聚在一起开会，这个日子可以是新月出现的那天，也可以是满月出

---

[1]　Julio-Claudian, 古罗马帝国的第一个世袭王朝，由奥古斯都·屋大维开创。

现的那天。他们认为选择这样的日子交换意见最吉利。

与我们白天议事的习惯不同，他们喜欢在夜里议事，做出决定，达成共识。夜晚被视为白天的延续。他们的自由精神存在这样的缺陷，总是无法在同一时间或约定的时间，准时聚齐。每次集合开会，总得耽误那么两三天。

经过大量准备，他们全副武装地坐下。这类场合，祭司的职责是负责维持秩序，他们招呼大家保持安静。然后国王或者说酋长们开始轮流发言，发言的先后顺序可以参照年龄、地位、战功，也可以看口才。说服别人的本事越大，相应地，获得的权力也就越大。如果某项提议引起了听众的不满，他们就通过叫喊表示反对。如果他们对某项提议感觉满意，则可以气势汹汹地挥舞手中的长矛。

就这样，《圣经》传统和古典时代传统相互融合，构建了现代早期关于哥特—日耳曼的文化想象。1498 年，多明我会修士[1]安尼乌斯[2]假托公元前 3 世纪天才学者波洛修斯[3]的名义写了本伪书，

---

[1] Dominican monk，天主教的一个流派，又译多米尼克派，1217 年由西班牙人多明我创立。

[2] Annius of Viterbo，15 世纪末意大利神职人员，学者，总共伪造了 17 本古代史，位列"西方伪史三剑客"之一。

[3] Berosus，古巴比伦祭司，哲学家、历史学家和占星家。

进一步加速了这两种传统的融合。

　　这本伪书的意图似乎是要将古典世界的历史跟《圣经·创世记》互相印证。虽然安尼乌斯的作假行为很快就遭到揭穿，这本书蕴含的理念还是被人们接受了。神学和历史学在这个问题上的思路其实差不多，大家关注的焦点很快从哥特部族侵入罗马帝国这段历史，转移到一种具有普世性的说法上来，也就是将哥特人视为定居在整个西欧和英伦三岛，雅弗那些日耳曼子孙们的典型代表。

　　这样一来，差不多所有欧洲文化都可以和现在哥特人象征的古代文化扯上关系，"哥特"这个词在 17 世纪和 18 世纪，甚至可以被用来调解争端，促进团结。从西班牙到瑞典，再到德国和英国，"哥特"和"哥特式"这两个知识不断发生着戏剧性的演化，从而为 19 世纪"民族国家"[1]概念更为明确地提出铺平了道路。

　　由于哥特文化遗产存在的内在矛盾，那些欧洲现代国家对哥特人的宗教信仰没有太大兴趣，两者间的血脉联系更多表现为所辖土地传承上的延续性。1453 年，奥斯曼土耳其人攻陷君士坦丁堡，罗马帝国在多瑙河流域残存的最后遗迹被彻底清除。对于此后争夺巴尔干半岛的奥斯曼土耳其人和斯拉夫人而言，哥特人定居此地的历史只是一段久远的记忆，无法引发太多的亲切感。

---

[1]　按照知识考古学的理论，"国家"本身也是一种被建构起来的知识，或者说一套概念，感兴趣的读者可参考安德森《想象的共同体》。

　　此时的意大利半岛，诸位国王、诸侯、城邦首领，再加上教皇，互相割据。文艺复兴时代对哥特式野性的横加指责，忽略了西奥多里克大帝执政时期带给意大利的和平与稳定。对法国来说，西哥特人占据阿基坦的往事不过是微不足道的一瞬，这段往事随后便被克洛维一世以及查理曼大帝为代表的法兰克王国的光芒掩盖了。

　　最大的例外出现在西班牙。哥特国王统治伊比利亚半岛的历史，比他们统治后西罗马时代其他土地的历史都要长。这些国王改宗天主教的做法，让他们在后世获得了更广泛的接受。与此同时，西班牙还是古代哥特王国疆域中，唯一一块落入过非基督徒手中的土地。经过长达几个世纪的收复失地运动[1]，才被重新夺了回来。

　　公元 711 年，穆斯林侵入伊比利亚半岛后，半岛北部的阿斯图里亚斯仍然幸存了一块由公元 718—737 年在位的佩拉约[2]国王统治的基督教独立区域。这个国家随着时间慢慢扩张，各种关于哥特人后裔的故事传说也在逐渐成型。据说，最后一任西哥特国王罗德里克去世后，很多西哥特贵族纷纷隐居到伊比利亚半岛北部山区，佩拉约国王就是罗德里克国王的侄孙。

---

[1] Reconquista，西班牙语，又称再征服运动、列康吉斯达运动，特指公元 718—1492 年，西班牙人反抗阿拉伯人占领，收复失地的运动。
[2] Pelayo，佩拉约的身份历史上没留下详细记载，不过在西班牙民间传说中，他的家族属于西哥特贵族，他本人拥有公爵头衔。

图 31　阿斯图里亚斯的佩拉约像，科瓦东加（Covadonga），西班牙

　　西哥特人的统治区域是否真的涵盖过阿斯图里亚斯山区，实际上还是个未知数。西哥特王国灭亡后，哥特人的文化遗存更多的是被保存在教堂、宗教仪式以及法典中。然而声称拥有哥特血统却可以强化王权，证明收复失地运动的合法性，重拾西哥特西班牙的凝聚力。

　　1252 年，卡斯蒂利亚的斐迪南三世国王[1]去世时，他的王国已

---

[1]　Ferdinand Ⅲ of Castile，13 世纪上半叶的西班牙国王，1248 年从摩尔人手里收复了塞维利亚的卡斯蒂利亚。

经收复除了葡萄牙，以及瓜达莱特周边几片穆斯林飞地外的整个伊比利亚半岛。据说，卡斯蒂利亚的斐迪南三世国王临终之际，躺在卧榻上，对他的儿子阿方索十世（Alfonso X）说了这么一段话：

> 我把从海边到这里，曾经被摩尔人[1]从西班牙国王罗德里克手中夺走的整个王国留给你。这个国家由你支配，最要紧的地方都夺回来了，还没夺回来的几个地方无足轻重。
>
> 如果能守住我留给你的这个国家，你就是像我一样的好国王。如果能夺回更多的土地，你就超过了我。可是如果你让这个国家得而复失，那就比不上我。
>
> 《西班牙史》[2]

随着收复失地运动丧失动力，哥特血统也就变得没那么重要了。直到 15 世纪，斐迪南二世[3]和伊莎贝拉一世[4]统治时期，这

---

[1] Moor，泛指中世纪时期居住在伊比利亚半岛、西西里岛、马耳他、马格里布和西非的穆斯林。

[2] *Estoria de España*，阿方索十世在位期间下令编纂的一部散文体历史书。

[3] Catholic Monarchs Ferdinand，1452—1516 年，最早按卡斯蒂利亚王室排序称斐迪南，1468 年统一整个西班牙后，改称斐迪南二世，1504 年吞并那不勒斯后，又改称斐迪南三世。他是西班牙重新统一后的第一位国王，伊莎贝拉一世的堂弟和丈夫。

[4] Isabella，她与斐迪南二世共治西班牙，在位期间资助过哥伦布远航。

个问题才重新受到重视。在他们联合执政的时代，1492 年，格拉纳达宣告投降，收复失地运动至此结束。同样在这个过程中，西班牙国内的犹太教和伊斯兰教影响力遭到清理，这个国家"恢复"了西哥特时代改宗天主教以后，人们认为曾经存在过的那种纯基督教状态。

以国王和王后为首，西班牙贵族们开始编造族谱，力图让自己的血脉跟哥特人搭上关系。这体现了那个时代，人们对纯正血统的重视。按照那个时代的说法，斐迪南二世和伊莎贝拉一世：

> 作为统治所有西班牙人的君主，恢复了王室光荣的哥特血脉，哥特人也是所有西班牙人的祖先。
>
> 　　　　迪亚戈·德·瓦勒拉[1]《书信集》(*Epístola*)

1516 年斐迪南二世去世，西班牙国王的王位被传给哈布斯堡家族的外孙查理一世[2]。1519 年，他被加冕为神圣罗马帝国皇帝，

---

[1]　Diego de Valera，15 世纪西班牙历史学家。

[2]　Habsburg grandson Charles Ⅰ，查理一世的血缘关系比较复杂，父亲属于奥地利哈布斯堡家族，母亲是西班牙人，童年又在低地国家也就是今天的比利时、卢森堡、荷兰和法国北部区域内生活，母语为法语。

史称查理五世。查理五世统治的辽阔疆域还包括尼德兰[1]、意大利的很多地方，以及 1521 年被西班牙人征服的墨西哥，还有 1533 年被征服的秘鲁。哥特文化遗产由此获得了广阔的传播空间。

查理五世本人也被打造为哥特后裔，他出身的那个家族拥有高贵血统、强大且历史悠久，涌现过多位战无不胜的古代哥特国王。这个家族的成员，以领主或国王的身份，长期统治卡斯蒂利亚。[2] 查理五世的国土，整合了哥特人历史上从巴尔干半岛一路迁徙到西班牙定居过的广大地区。1527 年，查理五世手下那些野性难驯的士兵攻陷罗马城的行为，则被按文艺复兴时代的逻辑理解为亚拉里克大帝和匈奴王阿提拉野蛮行为的故鬼重来。

随着查理五世的退位以及治下领土的四分五裂，王位被传到了他的儿子菲利普二世（1556—1598 年在位）手上。1581 年，这位国王通过占领葡萄牙的方式，实现了西哥特西班牙的重新统一，建立起一个"日不落"[3]的大帝国。菲利普二世对哥特血统的重视，主要体现在他对赫尔曼尼吉尔多的推崇。后者就是那位公元 579

---

[1] Netherland，今比利时、卢森堡、荷兰和法国北部，"尼德兰"这个词本身就含有"低地"的意思。

[2] 佩德罗·梅西亚（Pedro Mexiá），《卡洛斯五世皇帝传》（*Historia del Emperador Carlos V*）。

[3] the sun never set，日不落帝国这个说法最早被用来形容西班牙，19 世纪以后才用在英国身上。

年前后皈依天主教，反对阿利乌异教徒父亲雷奥韦吉尔德国王的儿子。

与类似圣依西多禄这样的古代哥特人把赫尔曼尼吉尔多贬斥为造反者的做法不同，后世西班牙作者将他奉为圣徒。1586 年，根据菲利普二世的请求，教皇正式批准赫尔曼尼吉尔多入圣。国王此举的动机，部分原因可能是对 1568 年由他下令囚禁，死在狱中的儿子卡洛斯（Carlos）心怀愧疚，威尔第[1]歌剧《唐卡洛斯》（Don Carlos）就是受这件事的启发。

即便如此，菲利普二世的行为仍然体现了当时全世界最有势力的王室，对哥特血统的一贯重视。恰恰是在这位国王当政期间，《西班牙内政史》（Historia de Rebus Hispaniae），这本现代早期最有影响力的西哥特西班牙历史著作，由胡安·德·马里亚纳（Juan de Mariana）撰写完成。1592 年，《西班牙内政史》以拉丁文的形式首次出版。1601 年，经过增补修订，这本书以西班牙文的形式再版；1699 年又被翻译为英文。

同时代的很多西班牙作家也喜欢从西哥特王国的历史中寻找灵感。17 世纪早期，剧作家洛卜·德·维加[2]创作完成《最后的哥特人》（The Last Goth），戏剧性地讲述了罗德里克国王统治时期，西

---

[1]　Verdi，朱塞佩·威尔第，意大利作曲家，歌剧《阿依达》的作者。

[2]　Lope de Vega，西班牙戏剧之父，代表作《羊泉村》。

哥特西班牙的衰亡，以及佩拉约作为基督教君主英雄典范的伟大复兴。就连美国人，此时也沾了西班牙哥特人的光。正如诗人弗朗西斯科·德·戈维多[1]在他的《保卫西班牙》(*España Defendida*)中所说的那样，哥伦布通过自己的发现，将哥特文明引入了地球未知的另一半。

西班牙人的历史造假行为并非没有遇到任何挑战。1434年，巴塞尔主教会议上，韦克舍主教尼古拉斯·拉格瓦迪[2]就曾声称瑞典应该比世界上的其他国家都值得尊敬，因为瑞典国王才是古代哥特国王的真正继承人。韦克舍主教尼古拉斯·拉格瓦迪的说法，遭到了西班牙代表团的反对，后者引经据典的证明，他们的国王才是西哥特的嫡系传人。

不过，瑞典还是对哥特人兴趣不减。约达尼斯《哥特史》的重新面世，让人们把传说中哥特人的故乡"Scandza"，跟现实中的斯堪的纳维亚半岛联系了起来。瑞典由此被认定为约达尼斯所说的"国家的子宫"，玛各居住过的地方。以瑞典为起点，哥特人横扫欧洲大陆，征服罗马帝国，为中世纪诸多日耳曼国家的建立打下了基础。此外，哥特人被视为单纯的武夫，还被奉为哲学和科学领域的

---

[1] Francisco de Quevedo, 1580—1645年，西班牙贵族政治家，巴洛克时期的著名作家和诗人。

[2] bishop Nicolaus Ragvaldi of Växjö.

图 32 《赫尔曼尼吉尔多的胜利》，小弗朗西斯科 · 德 · 赫雷拉（Francisco de Herrera the Younger），1654 年，油画

导师。他们的如尼文，被认为早于古典时代古罗马和古希腊的文字。

类似这样的信息出自约翰斯·玛格弩斯[1]的《哥特与瑞典诸王全传》[2]。约达尼斯去世后，1554年，这本书由约翰斯·玛格弩斯的弟弟奥劳斯·玛格弩斯出版发行。哥特人和瑞典国王的血统由此可以被追溯到雅弗和玛各，瑞典国王则被认为继承了来自哥特祖先的勇气和美德。此时的哥特人不再被视为野蛮的破坏者；相反，他们抵御了来自罗马帝国的堕落诱惑。罗马皇帝施行的阴谋诡计，甚至被认为是导致那些虔诚的哥特部族暂时落入异教信仰的根由。哥特人在亚拉里克大帝和匈奴王阿提拉率领下，毁灭罗马城的历史则被有意淡化，东哥特的西奥多里克大帝则备受赞扬。

总的来说，约翰斯·玛格弩斯的《哥特与瑞典诸王全传》蕴含着一种文明和解放的力量，正如西欧诸多民族认可的那样：

> 西班牙和高卢的古代王国总是对勇敢的哥特人怀有异常的感恩之心，正是借助后者的力量，这些人才得以从罗马帝国的严酷统治下解放出来。从那以后，他们再没丧失过自由，反而

---

[1] Johannes Magnus，他还有个弟弟奥劳斯·玛格弩斯（Olaus Magnus），兄弟二人是当时瑞典的著名学者。

[2] *History of all Kings of Goths and Swedes*，莎士比亚撰写《哈姆莱特》部分参考了此书讲述的故事。

取得了更大的荣光。

约翰斯·玛格弩斯和奥劳斯·玛格弩斯都是天主教的主教。1520 年代晚期，古斯塔夫一世[1]宣布对路德派新教（Lutheranism）的支持后，他们以流亡者的身份来到罗马城生活居住。约翰斯·玛格弩斯理所当然不会赞成文艺复兴运动针对哥特人的敌视态度，他的《哥特与瑞典诸王全传》则在信奉新教的瑞典获得了广泛接受。

17 世纪，瑞典王国的黄金时代，王室通过跟哥特人攀亲，可以强化这个国家对波罗的海及周边地区的控制权。于是，1632 年去世的古斯塔夫二世[2]给自己加上了"哥特人的国王"（King of the Goths）这个头衔。1660 年去世的查理十世[3]则声称自己要率领麾下的哥特人，进军意大利。时间进入 1700 年代早期，类似这样的豪言壮语，随着瑞典王国的日薄西山逐渐被人们淡忘。不过，在瑞典的这股"哥特热"降温以前，一部有史以来最具想象力的哥特小

---

[1] the Swedish king Gustav Vasa，16 世纪上半叶瑞典国王，在位期间支持基督教新教。

[2] Gustavus Adolphus，瑞典国王，军事家，在位期间力图夺取波罗的海霸权，38 岁战死疆场。

[3] Charles X，指瑞典国王查理十世·古斯塔夫（Charles X Gustav of Sweden）在位期间为争夺波罗的海及沿岸地区霸权，曾发动对俄国的战争。

说[1]诞生了，那就是奥劳斯·鲁德贝克[2]的《大西洲的灰色曼海姆》（*Atlantica sive Manheim*）。

瑞典不仅是哥特人的故乡，也是玛各其他后人的故乡。与此同时，瑞典还是柏拉图描绘的亚特兰蒂斯被大海吞没后，硕果仅存的部分。只不过随着时光的流逝，让后人慢慢淡忘了这件事。奥劳斯·鲁德贝克其人虽说在今天引发了很多争议，骨子里却是位严肃的学者。他的《大西洲的灰色曼海姆》被爱德华·吉本[3]评价为，是一部充满趣味性、洋溢着爱国主义精神的作品。

斯堪的纳维亚人[4]试图垄断哥特遗产的做法，尤其是约翰斯·玛格弩斯的那本《哥特与瑞典诸王全传》，反过来刺激了德国人的神经。文艺复兴时期和宗教改革运动围绕哥特人形成的两套截然相反的话语，在现代早期的德国演绎出了形形色色的哥特命题。从贬低哥特式建筑的价值，到再解读塔西佗所说的那个"日耳曼尼亚"，为这个概念代表的文明、美德等含义沾沾自喜，不一而足。

德国的哥特研究并没有类似地理领域"北方—南方"，或者宗教领域"天主教—新教"，这样泾渭分明的划分。围绕这个概念论

---

[1] 起源于18世纪后期的英国，特点是带有强烈的恐怖、神秘色彩。
[2] Olaus Rudbeck，瑞典科学家和作家认为瑞典就是柏拉图所说的大西洲 / 亚特兰蒂斯大陆，所有人类的语言都起源于瑞典。
[3] Edward Gibbon，18世纪英国历史学家，代表作《罗马帝国衰亡史》。
[4] Scandinavian，北欧人种，以瑞典人和挪威人为代表。

争的多样、复杂性，让哥特研究在德国始终是个常说常新的话题。19 世纪德国统一的过程中，"哥特"这个知识也发挥了重要的作用。关于这方面内容，本书下章还有专门介绍。

17 世纪和 18 世纪早期，围绕哥特人和他们文化遗产，最具代表性、意义最深远的再解读发生在英国。1590 年代，也就是莎士比亚创作《泰特斯·安德洛尼克斯》的那个年代，获得英国人普遍接受的有关本民族起源的各种传说故事，最主要还是集中在 1136 年前后，蒙默思的杰弗里[1] 撰写的那本《不列颠王朝史》(*History of the Kings of Britain*) 里。

"不列颠"(Britain) 这个说法，来自一位叫"布鲁图斯"(Brutus) 的古人，他是特洛伊王子埃涅阿斯[2] 的长孙。布鲁图斯和他手下那些追随者，后来就演化成了最早的不列颠人。类似这样的文化想象给了英国人一位来自古典时代的祖先，还让他们拥有了更加悠久的独立历史，比如蒙默思的杰弗里讲述的关于亚瑟王的古老传说，以及他率众抵抗撒克逊人[3] 和罗马人入侵的英雄事迹。

---

[1] Geoffrey of Monmouth，英国主教、历史学家，代表作是以拉丁文撰写的《不列颠王朝史》。

[2] Aeneas，特洛伊王子安基塞斯和爱神维纳斯的儿子，按古罗马传说，特洛伊城被攻破后他逃到意大利，建立了罗马城。

[3] Saxons，日耳曼人的一支，最早定居在波罗的海沿岸和石勒苏益格地区，后迁至德国境内的尼德萨克森一带，被称为撒克逊人。公元 5 世纪初，撒克逊人北上渡海，侵入不列颠，这支后来定居英国的撒克逊人就被称为盎格鲁—撒克逊人。

图 33 《奥劳斯·鲁德贝克发现亚特兰蒂斯》，狄奥尼修·帕德布吕格（Dionysius Padt-Brügge），1679 年，版画

文艺复兴时代涌现的学者群体早已对这样的传说故事提出了质疑，其中最有名的就是 1534 年，亨利八世[1]统治时期，意大利历史学家波利多尔·维吉尔[2]出版的那本《盎格鲁史》（*Anglica Historia*）。不过英国学术圈和普通民众对这方面认识的真正转变还是发生在 1580 年代，从那时开始，他们转而强调盎格鲁—撒克逊人是英国传统法律和习俗的源头，同时还将盎格鲁—撒克逊人泛化地解释为欧洲大陆哥特人的分支。

英国起源于盎格鲁—撒克逊人，这种说法的最早版本，来自公元 731 年，圣比德尊者[3]的《英国教会史》。根据圣比德尊者的记载，最早来到英国的是盎格鲁人、撒克逊人和朱特人[4]三支日耳曼蛮族部族。

公元 9 世纪，阿尔弗雷德大帝统治时期，圣比德尊者生活的那个时代使用过的古英语发生演化，"Jutes"这个单词就被改写成了"Geats"。沿着从奥罗修斯到约达尼斯，再到圣依西多禄这条学术脉络，"Geats"便很容易被附会为"Goths"。这样一来，圣比德尊

---

[1]　Henry Ⅷ，1509—1547 年在位的英国国王。

[2]　Polydore Vergil，意大利人文主义历史学家，他曾受亨利八世的父亲亨利七世委托撰写《盎格鲁史》，意在强化英国都铎王朝的合法性。

[3]　Venerable Bede，公元 673 —735 年，英国修士，历史学家，早年可能是一名孤儿，7 岁以后由教会抚养成人，公元 8 世纪英国最伟大的盎格鲁—撒克逊学者。

[4]　the Jutes，日耳曼人分支，起源于日德兰半岛。

者所说的盎格鲁—撒克逊人，顺理成章就被泛化成了日耳曼—哥特部族。他们一路迁徙，横穿曾经的罗马帝国，来到英伦三岛。

16 世纪，英国的宗教改革运动让这个问题变得更加复杂。历史上的盎格鲁—撒克逊人皈依基督教，是在公元 597 年教皇大贵格利派遣圣奥古斯丁[1]来英格兰传教以后的事，圣比德尊者因此为英国和罗马实现宗教统一而感到庆幸。反之，类似约翰·佛克塞这样的英国清教徒，则认为英国人皈依基督教的时间点早于罗马人入侵的时代。基督教在英国的最早传播者，通常被认为是阿里玛提亚的约瑟夫[2]。也有人认为应该是圣比德尊者和蒙默思的杰弗里都曾提到的，故事传说中公元 2 世纪皈依基督教的那位卢修斯国王[3]。

无论如何，有赖于两位学者的努力，英国的盎格鲁—撒克逊起源说还是逐渐站住了脚。这两位学者就是威廉·卡姆登[4]和理查德·费斯特根（Richard Verstegan）。

威廉·卡姆登的《不列颠尼亚》（*Britannia*），是他那个年代，获得最广泛传播的考古学专著。1586 年，这本书最早以拉丁文出

---

[1] Augustine of Canterbury，公元 597 年受教皇差遣，来到英国传教。

[2] Joseph of Arimathea，英国格拉斯顿伯里修道院的创立者。

[3] King Lucius，传说中英国历史上第一位皈依基督教的国王。

[4] William Camden，英国历史学家，1586 年以拉丁文出版《不列颠尼亚》（*Britannia*），这本书集中记述了古代英伦三岛的风土民情。

版，1610 年又出了英文版。威廉·卡姆登采用的将英国划分为英伦三岛再加上爱尔兰，分开讲述各自历史的做法，体现了一种重构罗马帝国占领前和占领后英国历史的尝试。尽管没有直接驳斥蒙默思的杰弗里的说法，威廉·卡姆登还是认为并没有明确证据可以证明历史上确实存在过一位叫布鲁图斯的古人。这种说法其实是罗马统治者带到英国来的，体现了那个时代罗马文化对英国的影响[1]。

1590 年代和 1600 年代，威廉·卡姆登修订再版这本书时，又在原有结论的基础上更进一步，认为盎格鲁—撒克逊人在英国语言和宗教的形成过程中，起到了最重要的作用。盎格鲁—撒克逊人作为日耳曼人的一个分支，从未屈服于任何外来势力，他们的后代主宰着整个西欧地区。

论及苏格兰高地人种[2]时，威廉·卡姆登是这样说的：

> 既然强大的西班牙君主都愿意跟哥特人攀亲，苏格兰人将自己视为这个民族的后人，也就谈不上妄自菲薄。某些最著名的意大利贵族甚至拥有可以追溯到哥特人祖先的家谱，或者至

---

[1] 古罗马人认为他们的祖先是特洛伊战争的幸存者，将英国人的祖先说成是特洛伊的后人，有利于他们对英国的占领和同化。

[2] Highlanders of Scotland，苏格兰土著人种，以凯尔特人为主。

少说，他们愿意伪造这样的家族世系。西班牙的查理五世国王总喜欢把类似这样的说法挂在嘴边——实话实说，欧洲所有的贵族血脉，其实都来自斯堪的纳维亚半岛和哥特人。

与威廉·卡姆登生活在同一时期的理查德·费斯特根，把前者的那套盎格鲁—撒克逊人起源于日耳曼—哥特人的理论，又往前推了一步。理查德·费斯特根是位祖籍荷兰，信仰天主教的英国人，他在牛津大学研究盎格鲁—撒克逊人历史时，使用的是"Richard Rowlands"这个名字。后来因为支持天主教活动，为躲避迫害他前往安特卫普定居，同时又恢复了自己原有的荷兰姓氏。

1605 年，理查德·费斯特根出版了名为《重建失去的知识》一书，还将这本书题献给英国的詹姆斯一世国王[1]。《重建失去的知识》在今天已鲜有人知，然而这本书在英国公众对哥特人的认识方面，却具有里程碑的意义。这是有史以来第一次，作者言之凿凿地得出结论，声称英国人彻头彻尾就是哥特人的后代。蒙默思的杰弗里讲述的那个将英国人认定为古代不列颠人或罗马人子孙的特洛伊传说，则受到批判。

理查德·费斯特根从历史和语言学的角度入手，追溯了英国人

---

[1] James Ⅰ，1567—1625 年在位的英国国王。

真正的日耳曼祖先，以及被他们遗忘的古代文化，也就是书名标题所说的"失去的知识"。作者认为，英语属于日耳曼语系，它的根源可以被追溯到巴别塔时代[1]，就像所有日耳曼人都可以把自己的血缘追溯到雅弗和他的子孙们一样，早期撒克逊人的文化风俗，也起源于塔西佗所说的那个"日耳曼尼亚"。

作为天主教徒，理查德·费斯特根虽然承认盎格鲁—撒克逊人在英国宗教形成的过程中，发挥了很大作用，同时却坚称英国正统基督教的源头应该是从属于古罗马的天主教。这种站在天主教立场上得出的结论，在英国清教徒群体中很难获得认同。尽管如此，他的某些观点仍旧非常具有说服力。例如，理查德·费斯特根认为英国人应该为自己的日耳曼—盎格鲁—撒克逊血统感到骄傲。不仅是因为日耳曼人从未屈从于其他民族的统治，还因为历史上很多能征善战的军队都脱胎于日耳曼人。他们占领了欧洲全部最重要的国家，后世子孙在那里生息繁衍至今。可以这样说，日耳曼人是今天欧洲各个国家的建立者。

理查德·费斯特根并没有明确指出，哥特人其实只是日耳曼诸多部族中的一个支系，反倒像威廉·卡姆登那样，笼统地将日耳曼人尊奉为西班牙君主和贵族的祖先。至于盎格鲁—撒克逊人像日

---

[1]　Tower of Babel，指古代巴比伦的通天塔。

耳曼人一样热爱自由的观点，则部分来自塔西佗的《日耳曼尼亚志》。理查德·费斯特根的逻辑实现了古代日耳曼人的自由传统与17世纪民主理念的对接。这两者的结合体，就被命名为"哥特宪法"（Gothic constitution）。

17世纪的英国，政治形势异常混乱。国王和议会间的紧张关系最终在1640年代引发了一场内战[1]。直到1688年，这场内战才以光荣革命[2]的形式收场。持续若干年的内战，让英国人对哥特人和早期日耳曼民族的关注具有了非常重要的现实意义。无论保皇派还是议会派，都希望通过重构历史的方式确立自身的合法性。

为了打击君主制，议会派针锋相对地援引古代哥特宪法，意在限制君权。塔西佗描述的日耳曼人开会议事、削弱酋长权力的做法，则被认为是英国议会的原型，很早以前就被拥有召开贵族会议、公推国王传统的撒克逊人带到英国。宗教改革运动对继承罗马荣光的西奥多里克大帝的推崇，进一步为这种说法提供了依据。英国的斯图亚特王朝[3]由此被喻为那个专制、堕落，最终由热爱自由的日耳

---

[1] the English Civil War，指英国资产阶级革命。

[2] 1688年英国资产阶级联手新贵族，推翻信奉天主教的詹姆士二世国王统治，迎立信奉基督教新教的威廉三世即位，建立延续至今的君主立宪政体。

[3] Stuart monarchy，1371—1714年斯图亚特家族统治时期的英国。

曼人取而代之的罗马帝国。

17 世纪的英国人用"哥特"这个词形容他们的议会传统，未必与史实相符，然而这样一套话语却反映了哥特人当时拥有的超高人气。它直接导致了 18 世纪和 19 世纪，公众对哥特文化高涨的热情。

英国内战期间，时任议员纳旦尼尔·培根（Nathaniel Bacon）在 1647 年，撰写了名为《英国联合政府的历史论述》（*An Historicall Discourse of the Uniformity of the Government of England*）的书。这本书以威廉·卡姆登和理查德·费斯特根的撒克逊人研究为基础，论证英国自古就是个实行宪政自由的国家。将这种自由传统引入英国的是撒克逊人，不过英国议会制度的根源却可以追溯到塔西佗笔下那些生活年代更加遥远的自由日耳曼人，尤其是哥特人身上。谈及这些古人，纳旦尼尔·培根自豪地得出结论：

> 全世界没有任何国家能够奢望像英国这样，保存如此多的古代哥特法律。

这之后又过了一代人的时间，也就是 1688 年光荣革命、1689

年《权利法案》[1]通过，余波尚存的那个年代。威廉·坦普尔爵士[2]
在他 1695 年出版的《英国历史介绍》(*An Introduction to the History
of England*) 一书中，对英国的哥特传统做了进一步解读：

> 撒克逊人是哥特人的一个分支，原先居住在北方的那个
> "民族蜂房"里，后来在奥丁[3]领导下，占领了环古代波罗的
> 海沿岸的广袤土地。

奥丁被威廉·坦普尔爵士描绘为哥特早期法律的制定者，后来
被尊奉为神。讲述奥丁和古代哥特人故事的目的，不仅是强化当时
的英国政府存在的合法性，同时也肯定了英国封建时代便已经出现
的陪审团制度和传统：

> 陪审团制度及其他封建时代法律，都是古代哥特人在侵入
> 罗马帝国，不断在帝国各个行省迁徙、定居的过程中引入欧洲

---

[1] 全称《国民权利与自由和王位继承宣言》，这份文件奠定了英国君主立宪政体
的法律基础。
[2] Sir William Temple, Baronet，17 世纪英国学者、历史学家、汉学家，特别仰慕中
国文化，《格列佛游记》的作者斯威夫特曾担任过此人的私人秘书。
[3] Odin，北欧神话中的主神，被视为诸神之王，也是死者之王、战神、权力之神
和魔法之神。

大陆的。罗马帝国以外的其他地区，例如英国、高卢和诺曼底，则分别由撒克逊人、法兰克人和诺曼人[1]引入这套制度。上述这些地区实行的国家议会和州议会制度，来自相同的源头。

到了 17 世纪末，"哥特宪法"的理念已经在英国人的政治思维中牢牢地扎下了根。这套理念为哥特人树立了一种正面形象，与此同时，就像世界其他地方一样，英国人头脑中将哥特人视为野蛮破坏者的文化想象，从来也没有消失过。

时间回到 1570 年，哥特人在罗杰·阿斯坎[2]撰写的学术专著《教师》（*The Scholemaster*）中，被视为引发语言和诗歌堕落的"祸首"：

> 尤其是哥特人和匈人首先引入意大利的那种乏味诗歌韵律，所有优美的诗歌，所有高深的学问，至此遭到毁灭。这种负面影响随后传入法国和德国，最终为英国人所接受。

宗教改革时代的诗人约翰·德莱顿[3]对此持相同看法。他认为

---

[1]　Norman，指定居在法国北部的维京人及其后裔。

[2]　Roger Ascham，1515—1568 年，英国学者，曾以外交官身份游历欧洲诸国，在相当于中小学的英国学校中当过希腊语教师，《教师》这本书是罗杰·阿斯坎的遗作，去世后由他的妻子整理出版。

[3]　John Dryden，英国诗人、剧作家和文学评论家，被誉为"桂冠诗人"。

与古典时代文学相比，哥特人的文学就是"污物"和"大便"：

> 罗马城得以苟延残喘，却丧失了艺术；
>
> 这样的文化，无法与古希腊相提并论；
>
> 哥特人和汪达尔人，来自北方的野蛮民族，
>
> 令所有无与伦比的史迹蒙羞，
>
> 令所有艺术沦为废墟。
>
> 1694 年《致戈弗雷·内勒爵士[1]》

　　哥特人形象野蛮化的最集中体现，可能就出现在 1715 年前后，蒲柏[2]创作《流芳百世》的那个时代。基于源自乔叟[3]的理论，蒲柏想象中神庙四面墙的装饰风格，分别象征了四种不同的文化，即西墙代表古希腊和古罗马文化，东墙代表波斯和亚洲文化，南墙代表埃及文化，北墙代表哥特文化。哥特人不再被视为法律的开创者、自由的象征，而是被看作愚昧、迷信的嗜血武士。他们的代表就是奥丁，还有被盖塔人[4]视为主神的扎莫尔克西（Zamolxis）：

---

[1] Sir Godfrey Kneller，英国宫廷画家。

[2] Alexander Pope，18 世纪英国伟大的诗人，启蒙主义者。

[3] Chaucer，14 世纪英国小说家和诗人，代表作《坎特伯雷故事集》。

[4] the Scythian Getae，盖塔人属于色雷斯人的分支，公元前生活在多瑙河流域，依附于古国西锡厄。

代表哥特人的墙位于北面，

繁复的装饰风格，体现了野蛮人的骄横，

那里有巨型的玫瑰花浮雕，还装点了桂冠纹饰，

图案周围，如坟丘般环绕着如尼文；

扎莫尔克西坐在那，两眼直视前方，

奥丁像死人一样半睡半醒，

粗鄙的铁柱子，仿佛涂抹了一层鲜血，

西锡厄英雄们的形象，令人厌恶地立在那里，

德鲁伊[1]和吟游诗人正在拆毁竖琴的琴弦，

青春在诗人的悲吟中死去。

这令人千百倍生疑的荣光，

被古老的传说赋予那个永不湮灭的名字，

他们的形象按照等级，罗列在神庙的墙上。

　　二十年后，正面和负面，两股哥特人的形象脉络，在詹姆斯·汤姆森[2]1735—1736 年创作的诗歌《自由》（*Liberty*）中，实现了交融。这首诗歌的主题，文如其名，追溯了哥特人在摇摇欲坠

---

[1] Druids，古希腊、罗马神话中的森林女神。
[2] James Thompson，18 世纪英国诗人，主张崇尚自然。

图34　瑞典哥特兰（Gotland）如尼文石刻，完成于公元8—10世纪，石刻中骑在长着八条腿的马身上的人，可能是主神奥丁或者《沃尔松格萨迦》的主人公齐格弗里德

的罗马帝国境内四处迁徙，最终抵达英伦三岛过上幸福生活的历史。按照诗人的逻辑，恰恰是因为罗马人的精神沦丧，哥特式的黑暗才以野蛮暴力的形式降临人间：

> 哦，可怜的意大利！这是多厉害的一杯罚酒，
>
> 难道仇恨快要将你榨干了吗？
>
> 哥特人，汪达尔人，伦巴底人，
>
> 蛮族蜂拥而至，
>
> 你要承受多少种打击？
>
> 多么可怕的呐喊，充斥的只有狂怒，
>
> 这就是那些恐惧的耳朵能听到的全部吗？

还是诗人描述的这群蛮族，随后却成了孕育在斯堪的纳维亚半岛的那个"民族蜂巢"当中，追逐着自由一路奔袭而来的英雄。他们借撒克逊人之手，将"自由"这件礼物，带到了英国：

> ……野性未驯的，
>
> 为拯救那些谨小慎微的奴隶，
>
> 他们随身带来了一种幸福的社会制度；
>
> 这种制度为自由而建，

公正的大自然早就把这个秘密，

悄悄告诉了她的子孙，

西锡厄的人们，自古便洞悉了其中的法则，

我深受鼓舞，

他们的国家也有国王，

权力却被理智地看管，

智慧得以交流，

各方力量和谐相处。

18 世纪英国人的文化想象当中，"哥特人"和"哥特式"这套知识是一种和谐共存、相互交融的悖论式存在。文艺复兴时代为哥特人构建的文化破坏者形象依旧具有相当的影响力，尤其是在诗人，以及其他自诩的古希腊、古罗马文化遗产继承者的群体当中。与此同时，"哥特"这个文化形象蕴含的诸如哥特宪法、自由议会制度等理念，却显得没那么重要。

此时的公众参照《圣经》，还有源自古典时代的文化传统，将哥特人宽泛地理解为古代日耳曼人。这种理解催生了针对哥特文化遗产更加多样化的解读方式。"哥特"这个词可以被援引用来批评各种野蛮的、不文明的东西，同时还象征着自由，或者至少在英国还象征着爱国主义。

正是这种复杂、多样的文化背景，让"哥特"这个概念在英国流行文化中出现的频率越来越高。不仅建筑领域使用这个概念，更有甚者，艺术和文学领域也喜欢拿哥特人做噱头。1764 年，霍勒斯·沃波尔的《奥特兰托城堡》首次出版。这部小说通常被认为是各类"哥特小说"的起源，1765 年再版时，干脆就加上了"一个哥特故事"（A Gothic Story）的副标题。

时间进入 19 世纪，哥特文化运动兴旺发达。从 1888 年玛丽·雪莱[1]的《弗兰肯斯坦》（*Frankenstein*）到 1897 年布莱姆·斯托克的《德古拉》，哥特小说不断演化，传承至今。本书第 8 章还将对这一重要文化现象，以及它所产生的影响，做出详细介绍。

霍勒斯·沃波尔撰写《奥特兰托城堡》的同一时期，爱德华·吉本正在思考古罗马帝国的命运，以及日耳曼蛮族侵入西欧的那段历史。爱德华·吉本的思考立足于之前几代学者的研究成果，在学术理念和逻辑思维方面，也体现了那个时代启蒙运动的影响。1776—1789 年，撰写《罗马帝国衰亡史》的过程中，作者因此更加注重时间性的进化论史观，而非对古代文化的保护。相比很多前辈学者，爱德华·吉本还能够更加清晰地把历史上真实的哥特人，与"哥特宪法"背后作为一种文化想象的哥特人，区分对待。

---

[1] Mary Shelley，英国女作家，诗人雪莱的妻子，她创作的《弗兰肯斯坦》又译《科学怪人》，是全世界第一部科幻小说。

不仅如此，来自爱德华·吉本的某些理念，还为欧洲宪法原则的日耳曼基调提供了重要借鉴。

> 好战的日耳曼人，先是反抗罗马帝国的压迫，然后入侵罗马帝国，最终推翻了西罗马帝国皇帝的统治，由此在历史上占据了更加重要的地位。这些人因此更有资格，或者换言之，更具亲和力，值得我们关注和尊敬。现代欧洲那些最发达的国家，起源于德国的森林旷野。在那些蛮族的原始风俗习惯当中，我们仍旧可以找到某些现代法律和礼仪基本原则的影子。

爱德华·吉本随后对古代日耳曼人的描述，基本完全照搬了塔西佗的《日耳曼尼亚志》，包括日耳曼人对自由的重视，以及民主集会对酋长权力的限制等。区别于纳旦尼尔·培根和威廉·坦普尔爵士，爱德华·吉本不喜欢对历史做任何简单的线性进化论式叙述，也不太愿意将哥特人的形象构建为单纯的侵略者或者单纯的法律制度开创者。

谈到德基乌斯皇帝执政时期，哥特人逐渐侵入罗马帝国那段历史时，爱德华·吉本提醒读者不要忘记，虽然哥特人后来享有盛名，那时却不过是日耳曼蛮族的一个分支。

这是那个族群有史以来完成的第一件壮举，他们随后冲破罗马帝国的束缚，攻陷了她的首都，统治高卢、西班牙和意大利等地。哥特人在西罗马帝国覆灭过程中扮演的角色无法被世人遗忘，他们因此经常性地被冠以"野蛮的蛮族""好战的蛮族"等不恰当头衔。

爱德华·吉本对哥特人的军事实力赞誉有加，却对他们的文化和道德水平颇有微词。例如哥特人当年定居在黑海北部沿岸的丰饶原野、身边遍布大自然的慷慨赐予时，他们却无视这些得天独厚的优势，仍旧过着一种懒散、贫穷并且与世隔绝的生活。进入罗马帝国以后，哥特人逐渐显露出残暴，某些时候还有几分阴险的天性。直到亚拉里克大帝凭借他的军事天赋，再加上罗马人自身的道德败坏，那座领导、感召着如此众多的城市——罗马帝国的首都，最终沦丧于淫荡、凶残的日耳曼和西锡厄部族之手。

爱德华·吉本承认哥特人在公元 410 年攻陷罗马城的过程中表现得较为克制，尤其是在保护罗马城内基督教堂方面，不过在克制的同时，还伴随着同样不容忽视的流血事件和抢劫、强奸。西奥多里克大帝的统治的确给意大利带来了和平和繁荣，不过这个国家在他执政末期便已初露败象。随着西奥多里克大帝的去世，所有荣光顷刻间化为尘土。

在《罗马帝国衰亡史》第 38 章，爱德华·吉本讲到公众都很关心的"西罗马帝国灭亡"这个问题时，只字未提哥特人，也没对当时流行的所谓"哥特宪法"的说法做出过评价。作者心中最理想的世界，是那个遭到蛮族入侵以前的罗马帝国。这个国家的命运走向有她自身的内在规律，与哥特人没什么关系。哥特人在这个过程中起到的作用，被爱德华·吉本耐人寻味地评价为是"一场野性和宗教所取得的胜利"。

《罗马帝国衰亡史》在英语学术圈中具有里程碑的意义，它为针对哥特人和他们文化遗产的研究，提供了一种相比之前几个世纪，更复杂也更"现代"[1]的思维范式。作为启蒙时代的历史学家，爱德华·吉本可以对前辈学者口中诸如"哥特人是雅弗后裔"的说法不屑一顾，也可以无视瑞典学者奥劳斯·鲁德贝克关于亚特兰蒂斯的种种观点，同时在适当借鉴塔西佗《日耳曼尼亚志》的基础上，理性而清醒地将哥特人视为一个个性独立的族群。

这个族群无疑在罗马帝国灭亡的过程中扮演过重要角色，但他们更多的却只是武士，而非国家建设者，爱德华·吉本因此对那个

---

[1] modern，原文即带引号，作者通过这种方式，体现的是近年来学术圈在知识考古学和系谱学基础上提出的"现代性"问题。也就是说，我们现代人无论做学术研究还是日常生活，都有一套与之相伴的常识。这套常识看似自然而然，理所当然，无须证明，其实也是一套经过复杂人为构建的"知识"，拥有它自身的内在逻辑。读者可参考李杨《文学史写作中的现代性问题》。

遭到蛮族毁灭的古典世界充满向往。毋庸置疑，同时期学者很难达到爱德华·吉本这样的思想深度，哥特人以及与他们相关的方方面面，此后仍将是欧洲知识分子群体热衷讨论的话题。正如我们将要看到的那样，19世纪欧洲现代民族国家意识兴起时期，在文化和政治领域，围绕哥特人形成的种种命题在当代社会又会被赋予一种全新的意义。

图 35　古罗马废墟，按照吉本的说法，这就是激发他创作《罗马帝国衰亡史》的灵感来源

第 7 章

为哥特而战

19世纪是西方世界急剧转型的时期。巨变始于美国和法国的两场革命[1]，随后演变为横扫欧洲和世界其他地区的一股洪流。每个被裹挟其中的国家，都希望保护自身独一无二的政治、文化和民族传统，然而资本主义工业化的冲击，教育的普及，再加上大众传媒的发达却让现代民族国家意识[2]越发深入人心，很多国家因此爆发了摧枯拉朽的革命。当时几乎所有欧洲国家都可以将哥特文化遗产视为自己国家认同的核心，国与国之间的频繁冲突不可避免。

西方诸国围绕哥特人及其文化遗产的争端由来已久。西班牙就曾试图凭借哥特传人的身份，强化哈布斯堡家族对整个欧洲的控制。与此同时，作为哥特人起源地，传说中的"Scandza"，瑞典王国也曾雄心万丈。对德国的宗教改革者[3]而言，日耳曼民族的英雄历史是他们冲破罗马教廷束缚的利器。"哥特宪法"这个说法，则体现了英国人对他们以权力平衡为原则的议会制政府的自豪感。

总而言之，所有这些围绕哥特人构建的话语，或多或少都拥有一个共同的基调，那就是后罗马时代逐渐形成的"哥特—日耳曼"

---

[1] 指美国独立战争和法国大革命。

[2] 现代民族国家意识本身也是一套"知识"，成型于近现代欧洲，19世纪以后伴随全球化进程普及类似中国、日本这些当时还处于"前现代"阶段的国家。

[3] 宗教改革运动最早发生在德国，马丁·路德也是德国人。

文化遗产。《圣经》中关于雅弗后裔的记载，约达尼斯对哥特人迁徙历史的追忆，还有塔西佗《日耳曼尼亚志》中记载的各种掌故，诸如此类，互相纠结，形成了一个"想象的共同体"。甚至可以这样认为，哥特文化遗产在很大程度上促进了欧洲不同民族间的融合，而不是相反。

现代民族国家意识与哥特文化遗产二者间存在张力。现代国家进行各种社会和政治动员，归根结底是为了强化国民心中本已存在的国家意识，共同抵御外部和内部潜在的敌人。英国人对于他们国家自由精神的自豪感，也可以转化为英国凯尔特人族群的某种优越感，进而形成对欧洲大陆其他民族乃至英国国内不同族群的歧视。

与此同时，大洋彼岸，刚刚脱离英国控制的美国，信仰的也是同一套"哥特自由精神"。德国统一运动中，哥特传统成了强化国家认同的工具，人们通过援引各种与哥特人有关的历史和传说的方式，维护国家统一。虽然历史上的哥特人从来也没有真正统治过英国或者德国。就像此前几个世纪那样，想象出来的"哥特人"，分量远远要比历史上真实存在过的哥特人重要得多。西班牙作为哥特王国曾经的核心地带，这种情况表现得尤其突出。

直到 1900 年代早期，将哥特人在政治领域的重要性，简单理解为一套历史悠久的共同信仰的做法开始降温，旧有的文化想象丧失了魅力，哥特流行文化逐步后来居上。这种文化现象在潜移默化

图 36 《危险中的球形布丁》，詹姆斯·吉尔雷（James Gillray）创作于 1805 年，蚀刻加手工染色，表现的是时任英国首相的小威廉·皮特（Pitt the Younger）与法国皇帝拿破仑瓜分世界的场景

中影响了 20 世纪的历史进程。

　　假如某位生活在 1790 年代的人打算回溯哥特人从黑海直到西班牙的迁徙历史，他其实不太容易找到哥特人真实存在过的证据。按照某些旅行者的说法，直到 18 世纪，克里米亚半岛仍然有某个民族还在使用以古代哥特语为基础形成的语言。虽然我们找不到这个民族在近现代时期存在过的确凿证据，甚至连他们到底是什么民族也说不清。

　　纵观整个巴尔干半岛，斯拉夫民族主义的此消彼长最终在 1914
年 6 月的塞尔维亚，以刺杀斐迪南大公的方式撼动了整个欧洲[1]。
相对巴尔干半岛复杂的民族迁徙和定居历史而言，哥特人只是一位
匆匆的过客。这片土地上新兴的斯拉夫民族国家，从未动过借力哥
特人的念头。无独有偶，占据伊斯坦布尔，也就是曾经的君士坦丁
堡的土耳其人也对哥特人没什么兴趣。

　　沿着亚得里亚海曲折的海岸线一路蜿蜒进入意大利，哥特人
留下的各种物质遗迹越来越多，尤其是在东哥特王国曾经的首都
拉文纳周边。作为在历史上的一个重要时期，最后一位统治过意
大利全境的君主——西奥多里克大帝，现代意大利以 1870 年维克
托·伊曼纽尔二世[2]进军为标志、最终完成的意大利复兴运动（the
Risorgimento）自然不能无视他的存在。

　　然而实际的情况是，意大利人非常希望淡化那段东哥特人当政
的小插曲。现代意大利民族国家主义者，更多强调的是文艺复兴时
代的荣光，其次是古罗马帝国的丰功伟绩。这两段历史记忆在墨索
里尼独裁统治时期使用的徽章上同时得到了体现[3]。

---

［1］　指第一次世界大战爆发。
［2］　Victor Emmanuel Ⅱ，原为撒丁王国国王，后任命加富尔为首相，富国强兵，
最终统一意大利，被意大利人誉为"国父"。
［3］　墨索里尼创立的意大利法西斯党使用的徽章，包含了古罗马和文艺复兴两种文
化符号。

1789 年爆发的法国大革命通常被我们视为欧洲历史乃至世界历史中，具有划时代意义的一次标志性事件。单就哥特这个问题来说，法国大革命围绕哥特人构建的种种话语，可以让我们更加清晰地看到，如何通过回忆"过去"的方式实现对"现在"的重塑[1]。

古代哥特人对高卢南部地区的统治，无论从时间长度还是地理范围上来讲，其实都非常有限。而且在法国人已经形成思维定式的历史叙述当中，西哥特王国还曾经长期向法兰克王国和查理曼大帝纳贡称臣。法国知识分子在审视哥特祖先的过程中，因此往往会有意回避"西哥特"这个概念，偏爱使用含义更宽泛的"哥特自由精神"，认为这种精神在后罗马时代的西方由来已久。于是，"哥特自由精神"这个早已在英语世界政治理念中牢牢扎根的说法，便在孟德斯鸠[2] 1748 年出版问世的颇具盛名的《论法的精神》（*The Spirit of the Laws*）一书中再度得到诠释。

占领罗马帝国的诸多日耳曼部族是一个自由的民族。要想证明这一点，只需要读读塔西佗的《日耳曼尼亚志》。这些征

---

[1] 也就是克罗齐所说的，一切历史都是当代史。

[2] Charles-Louis de Secondat, Baron de La Brède and de Montesquieu，法国思想家，原名夏尔·特·塞孔达，后来改过几次名字，中文通译为孟德斯鸠。

服者散布在罗马帝国的各个角落，主要居住在农村而非城镇。只有在德国，这个民族被凝聚了起来。当他们分散生活在其他前罗马帝国行省时，则处于一盘散沙的状态。

面对更加细致入微处理公共事务的需要，以及占领罗马帝国以前建立本民族文化共识的需要，日耳曼民族必须求助于一位代理人。这就是我们国家哥特式政府的起源。

按照孟德斯鸠的说法，哥特宪法的基本原则以及哥特人的自由精神，都是在法国由法兰克人，而不是西哥特人建立起来的。法兰克人在广义上，也可以算作"哥特—日耳曼"大家族的一员。

贯穿整个 18 世纪，围绕哥特文化遗产引发的争论此起彼伏。就像法兰克人可以被曲解为哥特人的分支一样，保皇派、贵族势力，乃至议会民主派，都可以从自身的立场出发，对历史做出有利于自己的解读。类似这样形形色色的说法虽然不可能对历史走向起到决定性的影响，它们的持续发酵最终却在 1789 年催生了一场暴力革命[1]。变革者们在推翻法国旧君主专制制度以后，自然需要重新对法国历史做出解读。接替波旁王朝的共和国，以及后来加冕称帝的拿破仑，就此对哥特人失去了兴趣。

---

[1] 指 1789 年 7 月 14 日推翻波旁王朝的法国大革命。

只有西班牙人始终在自己国家的历史中，为古代哥特保留着一席之地。与法国不同，西哥特西班牙的那段历史始终是这个国家记忆中不可或缺的环节。作为首次统一伊比利亚半岛那个国家的统治者，西哥特人凭借他们制定的法律、他们改宗天主教的往事，从收复失地运动时代直到16世纪西班牙王国的巅峰岁月，始终被这个国家的人们所铭记。

随着西班牙王国的山河日下，西班牙人也在逐步更新他们对哥特文化遗产的理解。西班牙国王的哥特血缘曾经被用来为收复失地运动提供合法性的支持，随后还被用来强化王室的统治权威。到19世纪早期，反君主制成为一种潮流。联合英国对抗拿破仑的历史，则让哥特自由精神在西班牙深入人心。

1810年9月召开的加的斯议会[1]是西班牙第一次组建议会政府的尝试。1813年，弗朗西斯科·马丁内斯·玛丽娜[2]在撰写《法庭理论》一书的过程中，驾轻就熟地用哥特人充当自己的论据：

从虔诚的天主教国王雷卡雷德，到在瓜达莱特迎接自己不

---

[1] The Cortes of Cádiz，1810年9月24日，西班牙革命者在加的斯附近雷翁岛召开立宪议会。

[2] Marina，应指 Francisco Martinez Marina，1754—1833年，西班牙著名法学家、历史学家和神甫。

图 37 《雷卡雷德的改宗》，安东尼奥·穆尼奥斯·德格拉因（Antonio Muñoz Degrain），1888 年，油画

幸、可悲的命运因而让哥特人的不朽荣光和显赫威名永远蒙羞的罗德里克国王，历任西哥特国王都要在王室、朝廷驻节的托莱多定期召开议会和国民大会。

　　某些会议的目的是处理民间事务，有些会议是为了讨论政治宗教事务，还有的会议则二者兼而有之，同时解决国家和教会，民间和宗教领域遇到的各类问题。

弗朗西斯科·马丁内斯·玛丽娜引述孟德斯鸠以及某些英语圈学者的观点，将以权力平衡为基础的哥特宪法所代表的自由精神，追溯到了哥特人生活在德国旷野丛林，还有西哥特西班牙国王召开国家会议的年代。

弗朗西斯科·马丁内斯·玛丽娜对这套理论的解读，与其他学者相比，存在一个明显的区别。作为天主教国家，西班牙对哥特人的认识，自然而然要受到宗教背景的制约。雷卡雷德由于改宗天主教的经历，通常被视为西哥特王国的第一位国王。西哥特人凭借自身的宗教信仰，往往也被认为地位应该高于其他日耳曼族群。

撒克逊人、巴伐利亚人[1]、日耳曼人、伦巴底人和法兰克人对待信仰非常虔诚，这是件值得庆幸的事情，这个优点在他们发挥自身聪明才智的过程中起到了很大的作用。西班牙哥特人仰仗本国大主教们的美德和智慧，这无疑要比那个年代散落到其他西方国家的同族拥有更大优势。

> 没有一个国家能够像西班牙教会这样，在各个学术领域涌现出数量如此可观的才俊。那些国家，也没有一位大主教能像西班牙主教这样无私，正直，有学问，将宗教和科学融会贯通。

---

[1] Bavarian，巴伐利亚在历史上曾长期独立，直到 1871 年才并入德国。

　　将政治领域的自由精神与对天主教的虔诚相互融合，这是西班牙学者独有的思路，具有多面性的哥特文化遗产至此又演化出一种全新模式。即便加的斯议会在西班牙历史上非常短命，君主政体在拿破仑战争结束后很快复辟，这种矛盾张力的思维模式热度不减，并在1936—1939年的西班牙内战（the Spanish Civil War）中达到顶峰。

　　佛朗哥统治时期，西哥特人被冠以"伊比利亚半岛统一者"，以及"法律和秩序维护者"的美誉。虽然佛朗哥在1969年指定胡安·卡洛斯[1]为继承人，这位独裁者心目中的偶像却是收复失地运动中涌现出来的诸如熙德[2]、天主教国王查理五世和菲利普二世等英雄人物[3]。围绕哥特人产生的各种话题，在这个时代西班牙普通大众的知识背景中形成了一套约定俗成的"常识"。与此同时，西班牙学术界关于西哥特人，以及西哥特人对西班牙历史推动作用的争论，却从未终止。

　　关于哥特人的"知识"发展到这个阶段，自然而然就需要对他们历史上的迁徙路线做出任意歪曲，把这条路线往更靠北的地区调

---

［1］　Museo de los Concilios y de la Cultura Visigótica in Toledo，即 2014 年退位的卡洛斯国王，1939 年西班牙内战结束后，佛朗哥成为西班牙元首建立独裁统治，1947 年自任西班牙摄政王，1975 年指定西班牙波旁王室成员胡安·卡洛斯为王位继承人。
［2］　El Cid，罗德里高·迪亚兹·德·维瓦尔，西班牙卡斯蒂利亚军事领袖和民族英雄，史诗《熙德之歌》的原型。
［3］　这三个人都不属于波旁王朝世系，与胡安·卡洛斯国王没有亲缘关系，作者因此用了转折语气。

整。调整到那些哥特人虽然从未真正涉足，公众意识却深受哥特文化影响的地区。

正如本书前几章谈及的那样，到了 18 世纪下半叶，哥特人的自由精神催生了英国议会制度，这种观念早已深入人心。凭借制度保障自由，从而避免像法国、西班牙等君主制国家那样造成对人民的奴役，这是英国人民族自豪感的来源。

不过，哥特文化遗产毕竟隐含着一种促进西方民族、国家融合而非加剧孤立主义的逻辑。这种逻辑同时体现在英国人处理爱尔兰问题，以及处理与欧洲大陆关系等问题方面。盎格鲁—撒克逊族裔的英国人与英国土著的凯尔特人，因此被解释为同属雅弗，也就是挪亚儿子的后裔。基于同样的逻辑，哥特文化遗产还为那些建立在前罗马帝国土地上的国家提供了达成共识的可能。1707 年，英格兰和苏格兰实现联合。1714 年，乔治一世国王[1]的即位进一步加强了这种纽带关系，哥特文化遗产则被用来构建和加强国民对这个新联合国家的认同感。

共享哥特文化遗产并非意味着国与国之间的分歧可以被彻底弥合，尤其是在类似詹姆斯叛乱[2]和反法同盟[3]这样的特殊时期。英

---

[1] the Hanoverian succession of George Ⅰ，英国汉诺威王朝的第一位国王。

[2] the Jacobite Rebellions，1689—1745 年英国光荣革命后，忠于斯图亚特王朝詹姆斯二世国王的保王党人发动的一系列叛乱。

[3] 1793—1815 年，欧洲各国结成的反拿破仑联盟。

国人自认为他们取得的成就独一无二，值得骄傲，因此也就更需要防范来自那些暴君和迷信观念的威胁。然而按照前面所说的逻辑，即便那些被视为压迫者的法国国王，内心其实也把自己视为哥特的传人。

基于同样的哥特文化遗产，英国和法国却分别衍生出了议会民主制和君主专制这两种水火难容的不同政体。面对这种尴尬情况，主流的做法只能是借助历史的偶然性、英国海岛地理环境的独特性、民族文化或性格上的差异等说词加以解释。事实上，对英国来说，哥特文化遗产在其他西方国家的热度衰减本身就是个值得引起警醒的现象。

早在 1656 年，詹姆士·哈林顿[1]在他的乌托邦式专著《大洋国》（*The Commonwealth of Oceana*）中便已提出类似观点，强调在英国内战结束后，进一步维护议会民主制的必要性。虽然 1688 年光荣革命以后，英国的现有制度得到了巩固。博林布鲁克子爵[2]还是在他 1730—1731 年撰写的《英国历史述评》（*Remarks on the History of England*）一书中，表达了对持续性的担心。

《英国历史述评》的开篇，老生常谈般地颂扬了哥特人的爱自由传统，认为他们发明的贤人会议（witenagemot）制度就是今天英

[1] James Harrington，17 世纪英国资产阶级思想家。
[2] Viscount Bolingbroke，18 世纪英国政治家和作家，后因反对乔治一世流亡法国。

国议会的原型。问题在于，相似的集会议事也曾存在于陷入专制制度以前的法国和西班牙。

> 他们的祖先和我们的祖先同属日耳曼民族，差不多拥有相同的习惯和风俗，以及相同模式的政府。

这样一来，相比他们的欧洲同伴，英国人也就丧失了文化传统方面的优越感。更有甚者，既然其他欧洲国家的自由制度可能失败、走向君主专制，英国自然也存在这种可能性。英国和欧洲大陆国家共同推崇的哥特文化遗产，因为爱国热情的叠加形成了一种内在张力。从某种程度上来说，哥特文化作为被西方普遍接受的理念，在19世纪的英国从未销声匿迹，反而还在建筑、文学领域兴旺发达，实现了哥特文化的复兴。

与此同时，从18世纪末开始，英国又始终在努力强化自身的独立性，在文化传统领域以及政治领域与其他欧洲国家保持距离。英国人心目中，"哥特人"这个概念，被窄化为北欧日耳曼民族，也就是被盎格鲁—撒克逊族群奉为楷模的那群人。包括法国人、西班牙人和意大利人在内的拉丁族裔[1]以及英国国内以威尔士

---

[1] 北欧白人对南欧拉丁族裔始终存在歧视心理，蔑称他们为"戈达人"，这种情况今天仍然存在。

图 38 《卡洛登战役》，大卫·莫里尔（David Morier），1746 年，油画

人、苏格兰人和爱尔兰人为代表的凯尔特族群，则被排除在这个范围以外。

　　鉴于所谓的"哥特宪法"并没有给女性保留一席之地，传说中的哥特自由精神也就无法荫蔽那些英国女性[1]。至于那些接受大英帝国统治的殖民地人民，自然更不在考虑范围内。哥特文化遗产内部隐含的那套种族歧视的内在逻辑，由此也逐渐显露了出来。按照英国人设定的标准，英国国内大致可以划分为盎格鲁—撒克逊人，

---

[1]　资产阶级革命以后，英国女性仍然在教育、就业、政治等方面受到很大歧视，最突出的体现是没有投票选举权，这种情况直到 1920 年代才逐渐得以改善。

以及与之相对的凯尔特人和盖尔人[1]两大群体，英格兰人[2]作为哥特人的嫡系后裔理所当然就要高人一等。

《圣经》传统的家族世系通常将凯尔特人和哥特人同样视为雅弗，以及他的两个儿子歌篾和玛各的后代。由于这套说法在细节方面大多非常含混，早期英国文化一般都可以把居住在威尔士、苏格兰、爱尔兰等地的凯尔特人和盖尔人，大而化之地归入盎格鲁—撒克逊人族群。

18世纪，某些因素的出现动摇了这种统一性的根基。首先是科学的进步消解了人们对《圣经》人种论的迷信，其次是1715年和1745年的两次詹姆斯叛乱，这让英国内部的民族关系出现了裂痕。另外，从1760年开始，凯尔特文化也出现了明显的复兴，正如詹姆斯·麦克佛森[3]"莪相[4]的诗"中所体现的那样。

詹姆斯·麦克佛森将这首诗视为英国前基督教时代纯正凯尔特文化的孑遗，同时还将莪相摆在能与荷马相提并论的位置，认为凯尔特人的地位远远高于野蛮的盎格鲁—撒克逊人。莪相在历史上是否确有其人，曾经是个存在争议的问题，目前主流的观点通常认为

---

[1] Gaelic，生活在苏格兰南部平原地区的英国少数民族。

[2] English，这个单词此处特指以盎格鲁—撒克逊人为主体的英格兰人。

[3] James Macpherson，18世纪苏格兰诗人。

[4] the poems of the ancient bard Ossian，莪相，又译"奥西恩"，凯尔特神话传说中古爱尔兰英雄人物和诗人。

这些诗应该是詹姆斯·麦克佛森假托莪相之名的伪作。尽管如此，这些诗还是在詹姆斯·麦克佛森生活的时代被人们众口相传，拥有强大的影响力。这种影响力反过来又对英国人将哥特族裔，盎格鲁—撒克逊人视为自己国家奠基者的传统观点，发出了挑战。

1775 年，珀西[1]的《北方古物》出版。这本书实际是 1775—1776 年保罗·亨利·马利特[2]创作的《丹麦历史介绍》（ Introduction a l'histoire de Dannemarc ）一书的英译本。就像很多前辈作者一样，保罗·亨利·马利特倾向将所有欧洲民族都视为哥特人的后裔。托马斯·珀西则在这本书英译本的前言当中，斩钉截铁地否定了他将凯尔特人视为哥特后裔的做法。珀西认为凯尔特人拥有自己的语言和宗教，思想意识受德鲁伊神秘主义[3]主宰，因此缺乏哥特人的文化特质，或者更明确地说，缺乏哥特人独有的自由精神。

凯尔特民族似乎并不具备哥特人引以为豪的传播四方、走到哪里便带到哪里的自由信念。恰恰相反，在高卢，所有的自由和权力主要掌控在祭司和酋长手中。恺撒把他们称为 "equites" 或 "knights"[4]。与这些人相比，平民的境遇仅仅比奴隶稍好一点而已。

---

[1]　Thomas Percy，18 世纪英国传教士和考古学家。
[2]　Paul-Henri Mallet，1730—1807 年，瑞士作家。
[3]　Druidic mysticism，古代凯尔特宗教。
[4]　这两个词都有 "骑士" 的意思，但是又有所区别，equite 在古罗马泛指所有有资格和实力骑马的人，身份高于普通平民，knight 则特指欧洲中世纪武士阶层。

反之，每个最地道的日耳曼人都是独立和自由的。

英国的"哥特宪法"由此被解构成了盎格鲁—撒克逊族裔的专利，与凯尔特人的精神信仰没有任何关系。作为这方面研究的领军人物，约翰·平克顿[1]在这个结论的基础上更进一步。在出版于1787年的《论哥特人或西锡厄人起源和演化》（*A Dissertation on the Origin and Progress of the Scythians or Goths*），以及出版于1789年的《苏格兰历史调查》（*An Enquiry into the History of Scotland*）这两本书当中，约翰·平克顿声称凯尔特人实际属奴隶阶层，他们的文明来自作为征服者的哥特人的强制赋予。生活在介于苏格兰高地和英格兰之间的苏格兰低地地区的皮克特人[2]则被视为哥特—盎格鲁—撒克逊族裔的表亲。

通过生动描绘哥特文化优越感的方式，约翰·平克顿进一步强化了自己得出的结论。他如此定位哥特人和凯尔特人，两个不同族群文化的关系：

狮子和屁股，这就是哥特人和凯尔特人。

不仅如此，约翰·平克顿还将哥特人描绘为身材高大、肤色白

---

[1] John Pinkerton，1785—1826年，生于爱丁堡，苏格兰学者和作家。

[2] Pict，古代苏格兰早期原住民。

皙的纯正白人，将凯尔特人描述为身材矮小、皮肤黝黑的有色人种，后者因此无权拥有前者的"高贵品性"。

1847 年，布莱克威尔[1]校订再版珀西的《北方古物》时，上述结论依照人种学的理论框架，彻底成了定论。凯尔特人被认为是身材矮小、肤色黝黑的有色人种，性格特征更情绪化，也更迷信；纯正日耳曼哥特人，以德国人和英格兰人为代表，讲究清洁、辛勤劳作，更具思想深度。用布莱克威尔的话来说，他们是人类文明的佼佼者。

这种解读哥特人的全新思路，其理论基础源自现代科学而非《圣经》条文，迎合了英国维多利亚时代兴起的种族理论，以及纯益格鲁—撒克逊极端主义思想，大大增加了对英国旧有统一模式的威胁。

同样是在这个时间段，相比欧洲大陆国家，英国人对他们的哥特血缘的理解，也在悄然发生着分化。即便是这样，法国大革命以后那个众声喧哗的年代，埃德蒙·柏克[2]依旧可以言之凿凿地声称"所有欧洲国家的政治和经济体制，都来自同一个源头"，这个源头就是"日耳曼传统，或者也可以说，古老的哥特传统"[《建议与弑

---

[1]　原文为 I. A. Blackwell，具体身份不详，参考原书出版信息，这人可能是 Henry Gbohn，即英国的亨利伯恩出版社的编辑。

[2]　Edmund Burke，18 世纪爱尔兰政治家、哲学家和作家。

君法国媾和的第一封信》(*First Letter on the Proposals for Peace with the Regicide Directory of France,* 1796)]。按照埃德蒙·柏克的说法，英国制度所体现的古老且文明的自由精神，正好是法国所继承的野蛮且不合理文化的反面。正因如此，英国才下定决心要跟拿破仑斗争到底。

1815 年，西方世界重归和平，某些人仍在寻求建立一种泛欧洲化的"哥特共识"，正如亨利·哈兰姆[1]在他 1818 年出版的《中世纪欧洲国家观》[2]中所说的那样。滑铁卢战役取得胜利后，英国人越发自我感觉良好，同样因为这场胜利自认高人一等的还有普鲁士人[3]。这个时期出现的窄化日耳曼人定义，以及将哥特传人局限于北欧民族的理论，则为维多利亚时代大英帝国的意识形态提供了顺理成章的明证。

将英国体制的根源归结于盎格鲁—撒克逊传统的理论，起源于威廉·卡姆登和理查德·费斯特根。到了维多利亚时代，这套传统被明确解读为专属日耳曼民族的某种特制。按照莎伦·特纳[4]在

---

[1] Henry Hallam，1777—1859 年，英国历史学家。

[2] 原文为 *View of the State of Europe*，作者引用书名不全，实际应为 *View of the State of Europe during the Middle Ages* 。

[3] the German Prussians 参加滑铁卢战役，打败拿破仑的主力是英国和普鲁士的联军。

[4] Sharon Turner，1768—1847 年，英国历史学家。

图 39 《矛盾》，托马斯·罗兰森（Thomas Rowlandson），1792 年，手工上色蚀刻

1799—1805 年撰写的《盎格鲁—撒克逊史》（*History of the Anglo-Saxons*）中的说法，在所有日耳曼族裔中，就数撒克逊人最具活力，最热爱自由，他们因此才是"哥特，或者说，日耳曼民族政治智慧的开创者"。作为英国立国基础的议会制度则延续了撒克逊人的贤人会议传统。

今天凭借《水孩子》一书享有盛名的查尔斯·金斯利，在 1864 年出版了名为《罗马和条顿》（*The Roman and the Teuton*）的论文集。这本书带给读者一种强烈的印象，即"哥特"和"日耳曼"两个概念此时已经可以完全画上等号。"究竟是什么原因，促使我们日耳曼民族进攻并毁灭了罗马"，这是《罗马和条顿》的开篇讨论的话题。查尔斯·金斯利将哥特人取得胜利的原因总结为上帝借哥特人之手，惩罚堕落的罗马。

遗憾的是战争进程中使用的暴力，再加上罗马这个"大染缸"，污染了哥特人的优良品行，只有英国人能独善其身。因此：

我们英国的法律，英国人对于正义和仁慈的理解，相比其他欧洲国家，在自由精神、诚实美德和善良品质方面，就更接近古代日耳曼人奉行的准则。

受日耳曼民间传说《尼伯龙根之歌》启发，查尔斯·金斯利如此评价英国取得的成就：

感谢上帝，我们避免分享他们的"战利品"，避免如他们一般腐败堕落，避免触碰尼伯龙根那致命的宝藏。身处孤岛，自力更生，这是我们英国人的幸福。我们与古代哥特人浩浩荡荡的迁徙大军分道扬镳，来到这里定居。置身宁静的森林，亲近大地，享受与浊世相对的祥和，守护古老的日耳曼传统，不让古代日耳曼人的信仰和美德蒙羞。

实话实说，漫长的若干个世纪以后，和平的生活造成了我们的懒散，我们的懒散引来了外敌入侵，也催生出很多严重的问题。所幸，当世人疯狂追逐传说中罗马帝国巨大财富的时候，我们还没有完全丧失自己的美德和生活。

罗马帝国遵循上帝的意志分崩离析以后，日耳曼人成了欧洲的主宰，英国人又是所有日耳曼民族中的"领头羊"。随着大英帝国纵横海洋，不断向外扩张，类似这样的说法自然应运而生。曾在1866—1867 年先后游历美洲、澳洲和印度的查尔斯·温特沃斯·迪尔克[1]，在撰写《游记》（*A Record of Travel*）的过程中，说过这么一段冷冰冰的话，充分显露了维多利亚时代种族主义理论隐含的严酷性。在他看来，仅仅让盎格鲁—撒克逊人成为地球上其他民族的统治者还远远不够，那些"劣等民族的逐渐消亡，不仅顺应自然法则，也符合人类的福祉"。

这样的观点虽然非常极端，但查尔斯·温特沃斯·迪尔克的书还是广受欢迎，多次再版。无论承认或否认英国的日耳曼属性，大家都已经意识到，这种狭隘的盎格鲁—撒克逊种族理论获得了多么

---

[1]　Charles Wentworth Dilke，英国贵族和政治家。

普遍的接受。用查尔斯·温特沃斯·迪尔克同时代批评家卢克·欧文·派克[1]的话来说：

> 当今恐怕很少有受过教育的英国人，童年时代没被灌输过英国几乎是纯日耳曼血统国家的理念。英国的政治体制，社会风俗，国家的繁荣昌盛，军队的战功赫赫，所有这一切，都归功于当年乘坐三艘军舰，在亨吉斯特和霍萨[2]统率下，渡海而来的日耳曼武士们。
>
> 《英国人和他们的起源》
>
> （*The English and Their Origins,* 1866）

哥特文化遗产只是构建英国维多利亚时代帝国意识众多源流中的一支，它所起到的作用不能说完全是负面的。哥特文化与凯尔特文化两种模式相互融合也推动了英国的统一，在大英帝国逐渐形成的过程中，感召了数量众多的威尔士、苏格兰和爱尔兰子孙为这个国家贡献力量。大英帝国在给那些"劣等族群"送去"文明"的同时，无论统治者还是被统治者，内心深处都保留着一份真情实感。也就是说，对哥特自由精神的信仰，只要得到恰当引导就可以起到

---

[1] Luke Owen Pike，1835—1915年，英国律师、历史学家和作家。
[2] Hengist，传说中的古代英格兰国王。

积极作用，比如废除奴隶制。

毋庸置疑，19 世纪的英国像其他国家一样，凭借具有号召力的民族主义核心、个性鲜明的民族文化和清晰的种族界限，凝聚起了一个地域辽阔的现代国家。与此同时，英国哥特文化具有的那种包容特性却在此前两个世纪中逐渐消退，从而在英国与欧洲大陆国家之间不断引发矛盾冲突。这个问题一直延续到今天。

围绕哥特人形成的这套"知识"，还可以被用作其他用途，比如充当反抗大英帝国统治的理论依据。源自哥特人、被英国人长期坚守的自由信仰，后来借盎格鲁—撒克逊人之手，横渡大西洋来到美洲殖民地。

1620 年，"五月花"号从朴茨茅斯扬帆起航，载着那些清教徒前辈（the Pilgrim Fathers）来到新英格兰。来自英国和欧洲大陆的移民开始在美洲大西洋沿岸的广阔殖民地上定居。共同推崇的哥特文化成为凝聚美国东部各州形形色色定居者的一个因素。英国人主张的哥特式法律原则，以及无代表不纳税[1] 原则，由此在这片土地上牢牢扎根。

英国政府拒绝承认这些权利的做法直接导致了 1760 年代至

---

[1]　no taxation without representation，通俗地说，就是某个地方行政单位如果在议会中没有议席，就有权不纳税。美洲殖民地当时的情况是纳税，但在英国议会没有自己的代表，无法主张自己的权利，这成了后来美国独立的重要诱因。

1770 年代，美国独立意识的抬头。后来对法国大革命持批评态度的埃德蒙·柏克，此时却发声支持美洲殖民地人民，认为他们不光"天赋自由，就算按照英国自己的思想和准则，他们也应该获得自由（英国议会下院，1775 年 3 月）"。与此同时，美国独立先驱也在援引与英国相同的"哥特宪法"理念，为己所用。

来自马萨诸塞州的约翰·亚当斯[1]，来自弗吉尼亚州的托马斯·杰斐逊，不约而同将撒克逊人酋长亨吉斯特和霍萨作为他们独立思想的象征。托马斯·杰斐逊甚至还明确建议，把这两位酋长的形象刻在美国国玺上。1776 年，撰写完成《独立宣言》不久前，托马斯·杰斐逊还将当年日耳曼移民跨海定居英伦三岛与移民们横渡大西洋来到美洲这两件事，颇具象征意味地联系了起来。

> 我们的先辈移居美洲以前，是生活在雄踞欧洲的大英帝国自由居民，拥有上天赋予每个人的各项权利。后来因为偶然原因而非主动选择，背井离乡，寻找新的栖身之地，遵循祖先意在提高民众福祉的法律和制度，建立新的家园。

> 当年那些撒克逊祖先秉持同样的法则，以相同的方式，告别生养他们的北欧荒野和森林，来到英伦三岛。随后在不依赖

---

[1] John Adams，美国第一任副总统。

当地土著居民的前提下，建立了让那个国家在如此漫长的时光中获得荣光和呵护的法律制度。

《英属美洲权利概述》

（*A Summary View of the Rights of British America*, 1774）

哥特文化遗产在美国，由此与共和主义（republicanism）紧密结合了起来，融入这个国家的历史叙事当中。托马斯·杰斐逊去世后近 20 年，马什[1]在 1843 年出版的《新英格兰的哥特人》一书中，最强势地阐述了哥特文化对美国的影响。按照马什的理解，由于受到罗马文化的影响，哥特文化遗产在英国面临着蜕化变质。他认为，"英国的哥特本性是天生的，罗马人的那套东西则源自后天习得。英国人的崇高品质和智慧源自哥特母亲，与此同时，英国的扩张野心，功利主义以及国家性格中的极端自私，则属于罗马帝国的影响"。即便身处 19 世纪中期，马什仍将西奥多里克大帝奉为值得美国读者效仿的楷模。

　　我要让读者意识到，他们已经受到太多那种古老、庸俗观点的制约，将"哥特"这词视为野蛮的代名词。哥特人，作为

---

[1]　George Perkins Marsh，美国地理学家，外交家。

当今西北欧地区居民的共同祖先，属于高加索人种最优秀的一个分支。

我们是哥特人的后裔。正是在哥特精神的指引下，"五月花"号横渡人迹罕至的大洋。也是哥特人的鲜血，流淌在邦克山[1]上。哥特人并非公众始终误认为的野蛮人和破坏者。他们确实推翻了罗马帝国的统治，同时却也让这个国家的人民焕然一新。他们推翻的只是罗马帝国腐败的政府，同时却对这个国家的功业心怀敬畏。西奥多里克大帝并没有毁掉罗马的珍贵文化，反而对它保护有加。这种珍贵文化恰恰是意大利人的贪婪和迷信一直想要毁掉的东西。

美国人可以自豪地套用英国人构建的那套哥特想象，这套文化想象反过来也可以通过辨析谁才是真正哥特传人的模式，对抗大英帝国的统治。相似的思维方式，还体现在美国学习英国公元 8 世纪晚期以来兴起的哥特文化复兴运动方面。

随着催生英国哥特想象的中世纪荒原[2]和神话正在逐渐消失，种族问题，尤其是奴隶制问题却在日益凸显。美国早期哥特小说家，比如知名度最高和马什属于同代人的作家爱伦坡，他创作的哥特小

---

[1] Bunker's Hill，指邦克山战役，美国独立战争期间的第一场大规模战役。

[2] landscape，荒原是英国文学传统中的一个重要意象，读者可参考艾略特《荒原》。

说包括发表于 1839 年的《厄舍古屋的倒塌》(*The Fall of the House of Usher*)，还有 1842 年的《红死魔的面具》(*The Masque of the Red Death*)。虽然拥有自身独一无二的创作个性，爱伦坡就像那个时代从霍勒斯·沃波尔到布莱姆·斯托克[1]的英国同行们一样，热衷演绎死亡主题，发掘人类的恐惧心理。

维多利亚时代的英国借助哥特文化想象，为国民描绘了一个光明的未来。美国国父们同样在哥特文化遗产的基础上，擘画了一个新兴国家的蓝图。在 19 世纪的德国，哥特文化扮演的角色可能稍有差异，却同样重要。中世纪时，德国人便已对哥特人的那段历史青睐有加，因此还产生了大量民间传说。

宗教改革运动以后，受法国大革命和拿破仑战争余波的影响，德国的新教教徒和天主教徒同时出现了强烈的民族主义倾向。这种民族主义情绪日积月累，最终在 1871 年助力普鲁士威廉一世[2]实现了德国统一。哥特人留下的历史和传说让德国内部那些分裂的小国家，可以从语言和文化的角度找到共同点。再者说，哥特式文学、戏剧和建筑，无论在 1871 年以前还是以后，都可以被视为德国国家精神的一种重要表达方式。

早在 1800 年代早期，现代民族国家理论已经在德国知识分子

---

[1]　布莱姆·斯托克生活的年代，爱尔兰全境属于英国，所以后文说"英国同行"。
[2]　Wilhelm Ⅰ of Prussia，即后来的德皇威廉一世。

群体思想中获得了广阔的市场。它强调了爱国主义精神和共同的语言在维护国家统一方面的重要意义，呼吁全体德国人应该为自己的祖先感到荣耀。不同于法国和英国，德国这片土地历史上从未被罗马帝国统治过。德国人因此更有理由夸耀他们在文化和语言上的纯洁性，虽然这个国家曾经长期处于政治不和谐的分裂状态。

格林兄弟留下的作品，今天为世人所熟知的应该就是最早出版在 1812 年的《格林童话》（*Kinder und Hausm Rchen*）。事实上，格林兄弟还是两位正统严肃的学者。他们在整理民间故事传说的同时，还对现代德国民族国家意识体现出强烈的认同感。1816—1817 年，格林兄弟编纂完成《德国传说》（*Deutsche Sagen*），这本书收录了 585 个故事，内容涉及很多哥特历史人物和事件。例如第 369 个故事记录了以斯堪的纳维亚半岛为起点的迁徙，第 373 个故事介绍了亚拉里克大帝的葬礼，第 384 个故事谈到了西奥多里克大帝死后灵魂被投入火山的故事等。

随后的岁月中，格林兄弟延续了类似的研究思路。1829 年，威廉·格林出版专著，对日耳曼民间传说和斯堪的纳维亚半岛古代英雄传奇进行比较研究，其中就包括《尼伯龙根之歌》讲述的故事。1835 年，杰克·格林出版的《德意志神话》（*Deutsche Mythologie*）是对古代日耳曼宗教研究的集大成之作。不仅如此，这位学者终其一生还专注于德语演化领域的研究。格林兄弟取得的成就让人们意

图 40　约瑟夫·霍夫曼（Joseph Hoffman）舞台布景版画，表现的是瓦格纳《尼伯龙根的指环》第一幕，1876 年

识到德语作为德国国家统一基础的重要性，也为后来瓦格纳[1]的《尼伯龙根的指环》的创作，提供了借鉴。

　　《尼伯龙根之歌》是日耳曼民族故事传说的核心。自 1200 年前后以中古高地德语整理成文字以来，这个故事就从未被人遗忘。只不过经格林兄弟之手面世的版本，在德国民间历史研究领域引发的关注度更高。《尼伯龙根之歌》的古代手稿重见天日以后，被翻译为现代德语，得到更广泛读者的阅读。不是每个人都能意识到这个

––––––––––––––––––––

[1]　Richard Wagner，德国音乐家和文学家。

故事的重要价值，例如黑格尔就曾说过，《尼伯龙根之歌》仅仅是个古代故事而已，应该像用扫帚扫地那样被丢进历史的垃圾堆。

然而，面对 1848—1849 年欧洲革命的低潮期，这个民间故事却成了呼唤德国统一的最强音。西奥多里克大帝和匈奴王阿提拉由此被改头换面，成了狄特里希和匈人国王埃采尔。《尼伯龙根之歌》为现代德国构建了一段虚幻的哥特—日耳曼古代史，因而可以为当时的很多社会和政治问题提供解决思路。

那个时代对于《尼伯龙根之歌》最富戏剧性的再解读方式，却没太在意这个故事蕴含的那些哥特历史元素。瓦格纳的《尼伯龙根的指环》是一部震撼人心的作品。这部史诗化的系列组剧于 1848 年开始创作，1876 年在拜罗伊特（Bayreuth）首次公演，分《莱茵的黄金》（*Das Rheingold*）、《女武神》（*Die Walküre*）、《齐格弗里德》（*Siegfried*）和《诸神的黄昏》（*Götter Dämmerung*）四个部分。

瓦格纳在 1849 年参加过德累斯顿起义[1]，他对《尼伯龙根之歌》故事感兴趣的原因，部分应该是受日耳曼民族性格的感召。有别于同时代作家，他在设计《尼伯龙根的指环》剧情时，特立独行地有意忽略了那些时髦的哥特故事元素。创作的素材主要来自斯堪的纳维亚半岛的《沃尔松格萨迦》[2]，而非《尼伯龙根之歌》。更重要的是，

---

[1] Dresden uprising，为维护德国宪法发动的一次起义。

[2] the Poetic and Prose Eddas and the Völsunga Saga，《尼伯龙根之歌》的故事原型。

瓦格纳讲述的故事完全删掉了《尼伯龙根之歌》的后半部分，也就是关于半历史、半虚构人物狄特里希和匈人国王埃采尔的内容，同时将创作焦点集中在神话人物齐格弗里德的生平和遇害方面。《尼伯龙根的指环》是一部举世公认的杰作，可以说，超越了作者生活时代局限。

《尼伯龙根的指环》首次被搬上舞台那年，统一后的德国刚刚稳定下来。新生的国家急需获得某些象征，不光是类似《尼伯龙根之歌》或者瓦格纳《尼伯龙根的指环》这样的文化象征，还需要实实在在的物质象征。哥特文化的多样性再次迎合了这种需要。

意大利文艺复兴运动后的若干个世纪以来，就像其他地方一样，德国围绕古典时代建筑和中世纪建筑到底谁高谁低这个问题，展开了喋喋不休的争论。1770 年代，包括歌德在内的一批人，首次宣称哥特式建筑是日耳曼民族内在精神和民族个性的表达。

德国中世纪罗马式建筑[1]现代复兴的登峰造极之作，非新天鹅堡[2]莫数。这座建筑在 1869 年，由瓦格纳的资助人巴伐利亚国王路德维希二世（Ludwig Ⅱ of Bavaria）下令开工修建，是沃尔特·迪

---

[1] Romanesque，10—12 世纪，欧洲流行的建筑风格，多数用于教堂和修道院，对后来的哥特式建筑产生了深远影响。
[2] Neuschwanstein Castle，位于德国巴伐利亚，修建于 19 世纪晚期，与 12 世纪完工的老天鹅堡隔山相望，故名新天鹅堡。

士尼睡美人城堡的原型。1880 年，北欧地区规模最宏大的哥特式建筑——科隆大教堂，最终完工。这座教堂最早开工的时间是在 1248 年，1473 年中途停工。随后的将近 400 年当中，这座未完工的教堂成了重要的地标性建筑。科隆大教堂最终完工那年，奠定现代统一德国历史地位的德皇威廉一世参加了教堂的竣工典礼，还将这天视为国家的节日。

现代德国构建历史的方式，还包括修造各种特殊意义的国家纪念馆，这种情况甚至在 1871 年德国还未正式统一以前，便已经出现。1830—1842 年，巴伐利亚国王路德维希一世（Ludwig I of Bavaria）下令修建位于多瑙河岸边的瓦尔哈拉神殿[1]。这座古希腊风格的神庙至今仍然矗立在那里，建筑内外还装饰了很多日耳曼英雄题材的牌匾和雕塑，从弗里提格伦酋长到亚拉里克大帝，再到西奥多里克大帝和匈奴王阿提拉，不一而足，其中当然也少不了乌尔菲拉大主教。

其他类似的重要建筑物，还包括 1875 年完工、献给阿米尼乌斯[2]的赫尔曼纪念碑（Hermannsdenkmal），他于公元 9 世纪在条顿堡率军打败了罗马人；1883 年完工，为庆祝德国统一而建的尼德瓦

---

[1] The Walhalla，是一座纪念德国历史名人的名人堂。
[2] Arminius，别称 Hermann，出生在日耳曼尼亚，日耳曼部族切鲁西人，曾在罗马军队中服役，后来率领日耳曼人击溃了罗马军团。

尔德纪念碑[1]；以及为纪念 1813 年，普鲁士军队在莱比锡击败拿破仑 100 周年而建的英雄纪念碑（Vlkerschlachtdenkmal），等等。所有此类纪念性建筑中，最广为人知且最具哥特文化韵味的，当属德国境内随处可见的上百座俾斯麦塔 (Bismarck towers)。德国人修建俾斯麦塔是为了向 1898 年去世的"铁血宰相"俾斯麦表达敬意。

俾斯麦塔的外形可以多种多样，建筑的核心设计，却是威廉·克莱斯[2]从拉文纳西奥多里克大帝陵墓那里找到的灵感。作为东哥特国王，《尼伯龙根之歌》故事里狄特里希的原型，西奥多里克大帝当然有资格和推动德国统一的英雄人物相提并论。

哥特文化遗产对德国人追求民族自豪感，还起到过一个负面作用。到了公元 7 世纪，学者们已经意识到，不同种类的欧洲语言间存在着紧密的联系。这种相似性的原因，起初被归结于所有欧洲人都是《圣经》记载中雅弗的后代。1786 年，威廉·琼斯[3]恰当地将印度梵文与古典时代的拉丁语和希腊语进行了比较，这通常被认为是"印欧语系"（Indo—European language ）的概念有史以来第一次得到确认。

时光流逝，类似这种人类拥有共同语言起源的观点，逐渐同

---

[1]　Niederwalddenkmal，又称"帝国纪念碑"，意在纪念 1871 年德意志帝国建立。

[2]　Wilhelm Kreis，1873—1955 年，著名德国建筑师。

[3]　Willian Jones，18 世纪后半叶英国学者，历史比较语言学的奠基人。

图 41　俾斯麦塔，耶拿（Jena）

图 42　1890—1900 年的科隆大教堂

某些种族和人种学理论纠缠到了一起，形成了所谓的高等人种——
"雅利安人"（Aryan）的说法。这套说法在 19 世纪的欧洲盛行一时，
不久以后便开始和约达尼斯《哥特史》中讲述的古代哥特人迁徙的
老故事结合起来，为希特勒的纳粹宣传机构所用。

　　1883 年，卡尔·彭卡[1]的《雅利安起源》（*Origines Ariacae*）一
书，最早将"雅利安人"的发源地确定在斯堪的纳维亚半岛南部地

---

[1]　Karl Penka，1847—1912 年，奥地利语言学家和人类学家。

区，同时声称只有斯堪的纳维亚人和北欧日耳曼人，才保留着这个高等民族的纯正血统。乌尔菲拉大主教留下的哥特《圣经》残本保存了数量最多、最古老的日耳曼民族语言。顺着这样的思路推演下去，无论历史上的哥特人，还是神话传说中的哥特人，便都可以成为支持现代德国人种族优越理论的依据。

1930 年代，希特勒着手打造雅利安人神话的时候，政治领域对哥特文化遗产的利用已呈明显下降趋势。两次世界大战过程中，国际关系的潮涨潮落，令那些现实和想象中的哥特人风光不再。与此同时，某些哥特文化元素，理所当然，也被保留了下来。《匕首》（*Dolchstosslegende*）是一本解释第一次世界大战德国失败原因的书。这本书通过比附《尼伯龙根之歌》齐格弗里德遭到阴谋杀害故事情节的方式，将德国人的失败归咎于犹太人、社会主义者，以及其他持德国异见人士。英国人则在继承发展盎格鲁—撒克逊精神和英国自由理念的过程中，不断构建着他们的政治话语。无论如何，曾经在若干代西方人生活中发挥过重要作用的哥特文化遗产的黯然失色，明显意味着西方社会正在大范围地发生转型。

1900 年代早期，围绕哥特文化遗产形成的很多基础性原则逐渐遭到挑战，被人们抛弃。越来越专业化的学院派历史学家开始更清醒地意识到，那些宏大叙事以及爱国主义宣传中普遍存在的历史误区。对于古代哥特部族越发清晰的认识，让人们能够更准确判断他们对后罗马时代西方历史的实际影响。种族主义理论越来越多受到质疑，尤其是在经历过德国纳粹政府的种种极端做法以后。英国和德国反复出现的冲突，也颠覆了日耳曼子孙间表面上的"团结"。早在第一次世界大战时期，英国宣传机构就曾炮制过德国人的祖先应该是匈人，而非哥特人的言论。

20 世纪上半叶的喧哗和无序，进一步消解了对于国家或帝国的种种美好幻想。面对日新月异的全球化浪潮，哥特文化遗产显得越来越狭隘，与时代脱节。由于这样的原因，20 世纪末，人们围绕哥特人构建的种种话语，更多出现在文化领域而非政治领域。这意味着以哥特文化想象为基础构建具有普世性的国家和民族主义理论，已经成为过去。

第 8 章

哥特文化

"哥特文化"这个概念，一向很难定义。对古代史学者而言，哥特人的文化和物质遗存能够保留至今的，仅仅是一些零碎的残片。即便在哥特人曾经立国的意大利和西班牙，想找到这样的残片也不太容易。这种现象反映了罗马文化在后西罗马时代仍然具有持续的影响力。对中世纪研究者来说，关注的焦点自文艺复兴时代以来一直集中在批判中世纪涌现出来的，那些所谓"哥特式"的经典艺术和建筑。

到了公元 8 世纪末，"哥特式"这个说法已经可以被用来形容包括古代日耳曼诗歌、中世纪教堂、超自然恐怖以及英国政治制度起源等诸多元素。在当今的通俗文学和影视领域，"哥特式"这个概念衍生出了形形色色的吸血鬼和狼人，还有种类繁多、独具风格的社会亚文化[1]以及艺术和音乐。

每代人都有一套受限于自身时代的思考方式。随着时间变化，人们口中的"哥特"与历史上真实的哥特人，渐行渐远，当然也有某些基本原则被坚守了下来。"哥特"这个概念，永远包含着肯定和否定两个方面的含义，也就是说对自我自由表达的肯定，对传统价值的否定。当今世界对"哥特"概念的运用花样百出，自相矛盾。不过，我们仍旧可以在其中找到"野蛮"与"文明"，哥特与罗马，

---

[1] social subculture，社会学术语，通常指主流文化基础上派生出来的，非主流、非普适、非大众的文化。

二元对立张力关系的影子。这种二元关系自第一批哥特人进入罗马帝国便已经确立下来，同时又不断遭到质疑和调整。

历史的迷雾掩盖了哥特人的真实历史，他们大迁徙的传奇经历仅仅留下了少许文献和考古记录。正如我们在本书第 1 章已经看到的那样，目前这方面年代最古老的考古证据来自公元 3—4 世纪，范围涵盖乌克兰南部到罗马尼亚东部，所谓"辛塔德莫尔斯—切尔尼科夫文化时期"留下的各种遗迹。

作为农耕文化，辛塔德莫尔斯—切尔尼科夫文化时期的哥特人没有留下太多恢宏的建筑、金银财宝。他们的房屋主要使用木头和泥土修建，银质的装饰品受到特别追捧，青铜胸针、骨头梳子、彩色玻璃项链、琥珀念珠都属于有价值的个人财产。哥特人烧制的陶器仅具功能价值[1]却制作精良，品种包括储藏用具和炊具，以及敞口、浅底很可能是喝酒用的大碗。

这个时期虽然有很多罗马制造的双耳细颈瓶、玻璃器和钱币越过多瑙河，出口到哥特人生活的地区，然而罗马文化对他们的影响却非常有限。与此同时，由于基督教的传播，哥特人正在逐渐改变在坟墓中为逝者掩埋各类陪葬品的风俗。截至目前，种种考古证据可以证明，那个时代哥特人建立的是一个可能不太富裕，却非常稳

---

[1]　functional，意指没有艺术价值，纯属实用器。

定的部落型社会。这种情况一直持续到公元 370 年代晚期，面对匈人压力，瑟文吉和格鲁森尼哥特人被迫迁徙到罗马帝国境内。

有赖于乌尔菲拉大主教的努力，哥特人进入罗马帝国境内前，便已经拥有了自己的语言文字。古代哥特字母主要以古希腊语为基础，同时还掺杂了拉丁文和如尼文的某些成分。为了将《圣经》翻译成哥特语，乌尔菲拉大主教还专门对这套字母做了改进。

遗憾的是，古代哥特《圣经》只有很少部分流传至今。这类手稿的存世量原本很大，尤其是在东哥特意大利和西哥特西班牙时代，只不过这两个王国灭亡后，那些手稿可能就慢慢遗失了，也可能是被有意涂改湮没了。事实上，很多流传下来的古代哥特手稿都属于再生羊皮纸，即把纸张或羊皮纸上原本的哥特文内容涂掉以后重新利用，但是原先的哥特文涂得不干净，被新文字所覆盖，隐隐约约还能看见[1]。

古代哥特《圣经·新约》保存最完好，硕果仅存的唯一特例是"银色圣经抄本"（Codex Argenteus）。这部手稿产生于公元 6 世纪，小写字母用银粉书写，大写字母用金粉书写，书写材料是染成紫色的羊皮纸，很可能是西奥多里克大帝的宫廷御用物品。并不完整，缺少 149—336 页的内容，好在所有有关《四福音书》的内容都完

---

[1] 修改字迹用的橡皮是 1770 年发明的，那之前，东西方修改字迹的常见办法都是用刀子刮，不会处理得特别干净。

图 43　公元 6 世纪哥特 "银色圣经抄本" 手稿

整地保存了下来。这本手稿的制作工艺是后来被冠以"野蛮"名号的两个哥特王国，在艺术水平方面最有力的正名。

凭借乌尔菲拉大主教和他的哥特《圣经》，哥特人成了所有日耳曼民族当中，最早拥有文学、文化的一个支系，即便我们至今还没有发现完整的哥特《圣经》及相关论述。这种情况的出现，可能跟哥特人最早信奉"阿利乌异端"，后来又在雷卡雷德国王统治时期改宗天主教的历史有关。确凿的证据显示，东哥特王国和西哥特王国主流的文学语言应该不是哥特语。

这两个古代国家主流的作家以罗马人后裔为主，平时用拉丁文写作。例如生活在高卢南部地区的圣希多尼乌斯·阿波黎纳里斯，生活在意大利的卡西奥多罗斯和波爱修，以及圣依西多禄。约达尼斯是那个时代主流作家当中少见的哥特人，不过他实际生活在君士坦丁堡，《哥特史》这本书也是用拉丁语写成的，书中内容大量参考了如今已经失传的卡西奥多罗斯 12 卷本《哥特史》。

基于以上原因，我们其实很难对哥特文化到底是什么做出清晰的界定。通过考古发掘获得的材料，也存在类似的问题。在考古学领域，通常不可能准确判断某件出土文物到底出自哥特人之手，还是其他日耳曼部族，或者受这些蛮族统治的罗马人之手。尽管如此，我们仍旧对包括"银色圣经抄本"在内的哥特艺术品和建筑物，有一个大致的了解。只不过类似这样的了解，进一步证明了这样的事实：来自罗马和哥特的两种文化元素，共同塑造了后罗马时代的意大利和西班牙。

西奥多里克大帝为公元 6 世纪初的意大利带来了一个繁荣时期，这个时期的东哥特王室在拉文纳城内和周边地区大兴土木，他本人的陵墓就坐落在拉文纳城的郊外。拉文纳城内有一片目前已经得到发掘，规模宏大的宫殿遗迹。根据公元 9 世纪拉文纳观察家阿格尼勒斯[1]在《拉文纳历代教宗》（*Book of Pontiffs of the Church of Ravenna*）一书中的描述，这座宫殿曾被用于安放过若干尊西奥多里克大帝的雕像。即便文艺复兴时代对哥特人心怀敌意的瓦萨里，也不得不对西奥多里克大帝留在拉文纳的宫殿群表达无声的赞美。他在考察帕维亚和莫德纳等地意大利古代建筑的过程中，称赞这些宫殿"虽说按蛮族喜欢的样式修建，却富丽堂皇，设计合理，工艺精良"。

距离拉文纳宫殿群不远，就是全意大利最有名的东哥特时期教堂。修建这座教堂起初是为了向耶稣基督表达敬意，今天的它却被称为圣阿波利纳努沃大教堂。教堂内部精巧的马赛克镶嵌画采用罗马文化的艺术风格，描绘了刚刚降生的耶稣在所谓的"阿利乌派洗礼堂"（Arian baptistery）接受洗礼时的场景。虽然哥特人信奉的"阿

---

[1]　observer Agnellus of Ravenna，又称 Andreas Agnellus of Ravenna，是一位依附于拉文纳教会的历史学家。

图 44　描绘西奥多里克大帝宫殿的马赛克镶嵌画（查士丁尼一世统治时期遭到修改），圣阿波利纳努沃大教堂，拉文纳

利乌异端"被正统天主教指责为蔑视或不承认圣子，也就是耶稣的神性，圣阿波利纳努沃大教堂的马赛克镶嵌画还是把耶稣救世主的形象刻画得无比庄严。

　　留存至今的圣阿波利纳努沃大教堂，默默见证了西奥多里克大帝身后那些东哥特古代建筑经历的千年风雨。东哥特王国灭亡后，拉文纳成了东罗马帝国皇帝查士丁尼一世的属地，当地所有"阿利乌异端"风格的教堂，全部被翻建为天主教风格。公元 561 年前后，西奥多里克大帝时代问世的这座教堂第一次翻建完工，更名为

"圣马丁[1]教堂",圣马丁是古代高卢反"阿利乌异端"的领军人物。公元 9 世纪,圣亚博那[2]的遗骸被安放到这里,教堂才再次更名为圣阿波利纳努沃大教堂。

耐人寻味的是,教堂中的耶稣题材马赛克镶嵌画由于被视为完全符合天主教教义,因此得以完好保存了下来,从未遭到破坏或改动。其他东哥特时代教堂就没有这么幸运了,翻建的首要工作就是清除哥特人留下的"阿利乌异端"印记。这些教堂的正厅如今环列着众多圣徒的雕像。上千年以前,还是这些教堂的正厅,同样雕像环列。只不过雕像刻画的人物,可能都是那些正统天主教竭力遗忘的哥特圣徒。

关于西奥多里克大帝的最重要纪念物,保存在圣阿波利纳努沃大教堂西北部最靠里面的大厅[3],大厅墙壁上同样装饰有马赛克镶嵌画。镶嵌画的远景内容表现的是西奥多里克大帝居住的宫殿和克拉赛港[4],近景内容则是以这些建筑为背景的众多人物。这些人物可能是西奥多里克大帝手下的重臣,甚至还包括他本人。教堂翻建

---

[1] St Martin of Tours,直译为"图尔的圣马丁",法国图耳地区的主教。

[2] St Apollinaris,拉文纳的第一任主教。

[3] 作者说的不是特别详细,实际的情况是,这座大厅内部的墙壁上也有一幅马赛克镶嵌画,表现的是以西奥多里克大帝为核心的东哥特风物。为便于理解,译者此处翻译会做些适当调整。

[4] Classe,拉文纳城外 5 公里处的港口小城,古罗马时代被作为军港使用。

过程中，这些人物形象惨遭破坏，被替换为单色马赛克色片和帘幕。只不过后人的修改又做不到特别彻底，所以今天的我们仍然可以在画面上看到一些残存的，依靠或扶着白色立柱的胳膊和手掌。

东哥特王国灭亡后，取代西奥多里克大帝占据拉文纳的统治者下令修建圣维达尔教堂，以此作为自己权力的象征。这座完工于公元 547 年的大教堂内部，同时安放了东罗马帝国皇帝查士丁尼一世和皇后狄奥多拉（Theodora）的雕像，借以表达教会对东罗马帝国支持东正教的感激之情。

相比地处意大利的东哥特王国，占据高卢和西班牙的西哥特王国延续时间更长，却也只有很少的遗迹能被保存下来，向世人述说这个国家曾经的辉煌。法兰克人占据以后，逐渐清除了哥特人在高卢西南阿基坦地区留下的印记。穆斯林侵入西班牙以后，同样不乐意承担替手下败将保管旧物的义务。除了曾经作为西哥特王国首都的历史记忆，托莱多这座城市几乎没能留住任何跟哥特人有关的东西，只有伊比利亚半岛北部地区还原样保存着几座公元 7 世纪修建的教堂。

其中最具代表性的是位于帕伦西亚的圣胡安·包蒂斯塔教堂（San Juan Bautista）。根据镌刻的题词记载，这座教堂在公元 661 年由雷克斯文德国王下令修建。以石料为主建造的教堂，延续了晚期罗马文化的风格。类似这种对罗马文化的模仿，在西哥特王国发行的钱币上面，以及圣依西多禄的《罗马—西班牙文化综述》（*Vision of Romano—Spanish Culture*）一书中同样可以找到。

　　经过西哥特人长达几个世纪的统治，西班牙社会逐渐得到了稳定，地方经济也有了长足发展，这方面最直接的证据，就是长途贸易量出现大幅度减少。1858 年，瓜拉萨的宝藏（Treasure of Guarrazar）的发现证明当年的哥特人可以大量生产奢华精致的手工艺品。瓜拉萨的宝藏的发掘地点距离托莱多不远，很可能是在穆斯林侵入西班牙时，被人埋藏在这里。这座宝藏当初总共有 20 多件器物，包括黄金十字架和祈愿王冠（votive crown），只可惜其中的很多出土后就被遗失了。

　　尤其让人印象深刻的就是那些祈愿王冠。制作它们不是为了实际穿戴，而是为了用链子吊起来挂在教堂里。这种风俗曾经受到东罗马帝国皇帝，以及其他日耳曼王国国王们的特别追捧。瓜拉萨的宝藏出土的所有祈愿王冠当中，最有价值的一只同样来自雷克斯文德国王。这只祈愿皇冠主体用黄金制成，上面镶嵌了蓝宝石和珍珠。祈愿王冠内部不显眼的地方刻有 "reccesvinthvs rex offeret" 的字样，意思是 "雷克斯文德国王敬献"。总的来说，瓜拉萨的宝藏差不多可以和同时期发现的萨顿胡古墓[1]相提并论。它们的重见天日，为那个我们渴望了解的世界，打开了一扇以管窥豹的窗户。

---

[1]　Sutton Hoo，1939 年，英国发现的一处古盎格鲁—撒克逊国王墓葬。

图 45 雷克斯文德国王的祈愿王冠，公元 7 世纪

然而，类似这样时间跨度涵盖从公元 3—7 世纪的零散遗迹，其实也不足以帮助我们对哥特人，以及他们对欧洲历史产生的影响形成清晰的认识。随着东哥特人和西哥特人退出历史舞台，中世纪基督教世界慢慢构建了一套对于哥特文化的全新理解。事实上，生活在 12—15 世纪的那些人从没把自己修建的那些教堂和修道院称为"哥特式"。只不过是随着文艺复兴时代古典文化的再度流行，这些被统一贴上"中世纪"标签的建筑，才被贬义地解读为野蛮退化的产物。

瓦萨里从未真正用"哥特式"这个概念去定义某种流派的建筑，只用过"日耳曼式"的说法，但源自他的种种理念还是奠定了人们对哥特式建筑的基本理解。中世纪建筑的无序和繁复与古典时代建筑的和谐和对称形成了强烈对比。相比古典时代建筑，中世纪建筑用过度的装饰取代了原先的简朴，大量应用叶瓣花纹（foliage pattern）、滴水兽（gargoyles）、飞扶壁（flying buttresses）和尖拱门等设计元素。某些文艺复兴时代批评家甚至认为，尖拱门的设计灵感可能源自林木茂密的德国森林。这样的设计整体上反映了罗马帝国灭亡后，艺术和工艺领域的日渐衰落。

按照现代人对中世纪建筑的理解，哥特式建筑的设计理念脱胎自公元 10—11 世纪占主流的罗马式（Romanesque）建筑。罗马式建筑的特点是规模宏大，外墙很厚，窗户很小，建筑内部的光线因此比较暗淡。哥特式建筑在此基础上改良使用的肋架拱顶（ribbed vaults）和飞扶壁设计，让更大的窗户成为可能。区别于罗马式建筑，哥特式建筑最突出的进步，就是尖拱门。这种设计兼具装饰性和实用性，既可以获得较大的承重力，还为更大的窗户预留了空间，让整座建筑明亮又宽敞。这种新设计理念最早出现在法国，用于1144年完工的圣丹尼斯大教堂（the Basilica of Saint Denis），随后又被用在了1160年代动工、规模更宏大的巴黎圣母院的修建过程中。巴黎圣母院南北两面的窗户是13世纪后加上去的，这充分证明了辐射式尖拱门和承重扶壁（load—bearing buttresses）设计的合理性。

在德国和英国随处可见哥特式风格的教堂。作为北欧地区规模最大的哥特式教堂，德国科隆大教堂最初动工于1248年，由于从1437年开始中途停工，最终完工是在1880年。[1]开工于1220年的索尔兹伯里大教堂（Salisbury Cathedral），称得上是英国早期哥特式教堂的代表。这座教堂的辐射式尖拱门设计影响了1245年由亨利三世资助修建的西敏寺[2]。

---

[1] 中世纪西方各国修建教堂普遍都有争"第一大"的心态，听说别人修了比自己规模大的教堂以后，又会在原有基础上扩建，所以很多教堂的工期都会绵延上百年，甚至几百年。

[2] 直译威斯敏斯特修道院，不过因为西敏寺这个说法已经深入人心，此处从俗翻译。西敏寺是历代英国国王加冕的场所，也是死后安葬的场所，后来逐渐成为英国杰出人物的专用墓地，牛顿、达尔文、丘吉尔等人均长眠在西敏寺。

图 46　圣丹尼斯大教堂，体现了典型的哥特式尖顶设计，巴黎

哥特式建筑的设计理念虽然主要被用于教堂和修道院，普通世俗建筑实际也有所采用。例如14世纪曾被阿维尼翁教皇[1]使用的阿维尼翁教皇城，以及从西班牙到波兰广阔范围内，欧洲各国的大学和附属礼拜堂。英国晚期哥特式建筑最杰出的代表，当属剑桥大学国王学院（the chapel of King's College Cambridge）的附属礼拜堂。1446年，这座石质建筑由亨利六世国王（Henry VI）下令奠基修建。

欧洲中世纪的哥特式建筑在规模、外形和装饰方面千差万别，但同样体现了人类改造物质世界的伟力，以及心中对至高神圣力量的崇敬。它们是宗教和政治力量的象征，内部空间却宽敞而明亮。直到1400年代晚期，文艺复兴思潮以意大利为中心向外扩散，与之相伴的还有一种对旧有事物的鄙夷之情，新的设计理念逐渐取而代之。

最早用"哥特式"形容建筑的做法，出现在1610年。比利时耶稣会士卡洛斯·斯克里巴尼（Belgian Jesuit Carolus Scribanius）使用这个概念形容1352年动工修建的安特卫普圣母大教堂（Cathedral of Our Lady in Antwerp），评价它为"哥特式作品"（Opus Goticum）。1675年，法国学者弗朗索瓦·布隆德尔[2]在《建筑之路》

---

[1] Avignon Papacy，1309—1378年，法国加强了对罗马教廷的控制，先后有7任教皇驻节法国阿维尼翁。

[2] François Blondel，17世纪法国著名建筑师、外交家、数学家和军人。

图 47 巴黎圣母院

（*Cours d'architecture*）这本书的前言中，不但指出中世纪建筑相比古典时代，发生了倒退，还明确指出了倒退的根源所在。那就是入侵的蛮族将罗马人的庄严宏大，代之以自己喜欢的"怪里怪气又难以容忍的建筑风格"。他认为，这种"被我们长期沿用，称为'哥特式'的建筑风格，始作俑者就是哥特人"。

同样是在 17 世纪，以"哥特式"一词指代建筑风格的做法出现在英国。1640 年，尚在青春年少的约翰·伊夫林[1]游历欧洲各国，当他走到低地国家、法国和意大利时，日记中便开始频繁出现"哥特式"的说法。令人吃惊的是，年轻的约翰·伊夫林曾对那些中世纪教堂极尽溢美之词，1706 年临近生命终点的他却在这个问题上来了个彻底的大反转。1707 年，约翰·伊夫林的《论建筑师与建筑》（*Account of Architects and Architecture*）在他去世后再版。作者在这本书里对哥特人、汪达尔人以及其他蛮族大肆攻击，认为是他们破坏了古典世界留给后人的伟大作品。

> 他们引入了一种古怪又淫荡的建筑风格作为替代，这种风格今天被我们称为"现代的"，也可以称为"哥特的"。这样的建筑因拥挤而压抑，昏暗，忧郁，同时还如苦行僧般乖张。与货真价实的古代建筑相比，不具备最起码的协调感、实用性和美感。

这段影响广泛的批判话语，大致都是约翰·伊夫林从瓦萨里那借用过来的。紧随其后，作者还进一步批评了以威斯敏斯特、索尔兹伯里以及安特卫普和巴黎等地的同类糟糕建筑，滥用尖拱门和小尖顶（pinnacles）的情况。

---

[1] John Evelyn，1620—1706 年，英国作家。

　　1697 年，在写给自己年轻朋友克里斯托弗·雷恩[1]，也就是圣保罗大教堂（St Paul's Cathedral）设计师的信中，约翰·伊夫林已经详细阐述过上述观点，只是态度相对温和。1666 年伦敦大火前后，克里斯托弗·雷恩承担过很多当地中世纪建筑的修复工作，还曾盛赞索尔兹伯里大教堂为那个时代最杰出的作品之一。不过，这位设计师的风格还是更倾向现代一些。早在伦敦大火以前，他就已经批评老圣保罗大教堂的设计体现了"哥特式的野蛮"，声称自己设计的新穹顶教堂引领了英国巴洛克式建筑[2]的新风尚。晚年的克里斯托弗·雷恩在撰写出版于 1713 年的《论西敏寺》（*On the State of Westminster Abbey*）一书过程中，阐述了自己对哥特式建筑的理解。

　　虽然哥特人更主要的身份是破坏者而非建设者，今天的我们依然把这种建筑风格称为"哥特式"（意大利人发明了这种说法，意指这类建筑的风格与古罗马有别）。我认为，将这种建筑风格称为"萨拉森[3]风格"，可能更合理一些。因为哥特人对艺术和学问都没什么兴趣。当西方世界忘记了自己创造的

---

[1]　Christopher Wren，英国天文学家和著名建筑师，担任过皇家学会会长。

[2]　Baroque，巴洛克建筑是 17 世纪和 18 世纪在意大利文艺复兴建筑基础上发展起来的一种建筑和装饰风格。特点是外形自由，追求动态，喜好富丽的装饰和雕刻、强烈的色彩，常用穿插的曲面和椭圆形空间。

[3]　Saracen，欧洲中世纪泛指阿拉伯人。

艺术和知识时，我们就需要到萨拉森人那里，到他们撰写的阿拉伯语书籍中重新寻找这些东西。这些阿拉伯语书籍是他们当年花大力气，从古希腊语翻译过去的。

在克里斯托弗·雷恩看来，哥特式建筑和萨拉森风格建筑最明显的区别就在于尖拱顶的设计。穆斯林在建筑中应用这种设计理念的年代应该早于法兰克人。他认为，尖拱顶结构的设计理念以耶路撒冷和西班牙为中心，逐渐扩散到西欧各地，十字军骑士在这种过程中起到了重要作用。这种建筑结构还是哥特式建筑与其他日耳曼蛮族建筑风格间的最基本区别。后者被当今的古典世界研究者大而化之，贴上了"破坏者"的标签。

克里斯托弗·雷恩"萨拉森风格"的说法，从未在建筑史领域得到过广泛支持，将中世纪建筑等同于哥特式建筑的逻辑已然在世人心中根深蒂固。更重要的是，约翰·伊夫林和克里斯托弗·雷恩阐述自己对哥特式建筑理解的时代，偏偏也是英国人围绕"哥特宪法"的争论越来越热火朝天的时代。两种观念的交叉融合，这才催生了18、19世纪最重要的文化运动，也就是所谓的"哥特复兴"（Gothic Revival）。

中世纪哥特式建筑是一种在欧洲普遍存在的文化现象。"哥特复兴"发轫于1700年代，起初仅仅局限于英国境内，说明"哥特"

这个概念在那个时代英国人的集体意识中，已经占据了独一无二的地位。建筑领域和文学领域的情况大同小异，各种可能相互矛盾的概念，围绕着"哥特"这个核心被整合起来，形成了一股既强大又丰富多彩的创造性力量。此时的哥特人仍然被视为野蛮的破坏者，不过他们具有的蛮力恰恰又被视为英国宪法自由精神背后的原动力。哥特式建筑可能缺乏古典时代建筑的和谐对称性，或者韵味，但却代表了中世纪已成过往的壮丽和虔诚。置身这个被启蒙主导、理性占据优势的时代，"哥特"这个概念还可以被视为浪漫精神的象征。那些英国宗教改革者身后留下的教堂和修道院废墟，则被蒙上了一层死亡和超自然的神秘意味。

哥特复兴运动的萌芽初露于英国的荒野和庄园。位于牛津郡肖特沃庄园（Oxfordshire Shotover Park）、修建在辉格党[1]历史学家詹姆斯·泰莱尔[2]宅地上的哥特神庙，可能是年代最早的哥特式塔楼[3]。这位历史学家通过写作的方式，捍卫英国传统的自由理念。

更具代表性的哥特式塔楼，应该是 1741 年，由另一位辉格党人理查德·坦普尔[4]设计的位于斯托庄园（Stowe Park）的自由神

---

[1]　the Whig，17 世纪末出现的英国政党，后演变为自由党。

[2]　James Tyrrell，1718 年去世。

[3]　Gothic folly，folly 多指豪宅花园中的装饰性建筑，主要功能是为了造景而非实用。

[4]　Richard Temple，1826—1902 年，英国政治家。

殿（Temple of Liberty）。塔楼上镌刻着"Libertati Maiorum"字样的铭文，意思是"致我们祖先的自由"。塔楼门廊处还刻有一串铭文，"感谢上帝，我不是罗马人"（I thank the Gods I am not a Roman），意在赞颂英国人为捍卫政治自由而进行的不懈斗争。不仅仅是辉格党人热衷修建类似风格的塔楼，托利党人同样也喜欢将尖拱门、小尖顶等哥特式建筑元素应用在塔楼中，偏爱用曲折的小径、杂乱的结构取代古典主义刻板的对称美。

以哥特式塔楼为起点，哥特式建筑的设计风格逐渐扩展到别墅设计领域，开始挑战此前流行的帕拉第奥新古典主义[1]的风格。这方面知名度最高的当属1749年开工修建的草莓之屋。这座哥特式城堡的主人是霍勒斯·沃波尔，它位于伦敦城外的特维克纳姆。尖顶以下的建筑主体设置了钟楼、城垛和很多巨大的窗户，建筑内部安放有内容丰富的各类艺术品。

在1762年撰写《英国绘画趣闻》（*Some Anecdotes of Painting in England*）的过程中，霍勒斯·沃波尔为那些被他当作设计底本的中世纪建筑遭到破坏而感到惋惜，同时他还在哥特式的浪漫激情与古典主义的理性之间，构建了二元对立。

---

[1] Palladian neo-classical style，1720—1770年前后英国流行的建筑设计风格，灵感来自16世纪威尼斯建筑师安德烈亚·帕拉第奥。

图 48　霍勒斯·沃波尔的草莓之屋（现代重建）

人必须拥有感受哥特式建筑之美的品位，人应该渴望拥有体会哥特式情感的热情。

相比草莓之屋，位于威尔特郡的放山修道院，又名"贝克福德塔楼"（Beckford's Folly），可能还要更加富丽堂皇。这座修道院修建于1796—1813年，主持修建者是贝克福德[1]。修建完工仅十年后，修道院连同建筑中央的巨型尖塔便轰然倒塌，为英国贡献了另一座哥特式废墟。这座建筑的遗迹，如今只有很小的部分被保留了下来。

草莓之屋直接预示了19世纪的哥特复兴运动全面兴起。正是

---

[1]　William Thomas Beckford，英国富商，这座建筑最早是他的私宅。

图 49 新议会大厦，伦敦

在这个时间段，哥特式建筑成了风靡整个英国的审美时尚。尖拱门
和尖顶的设计据说可以让人的注意力和心灵更加亲近天堂，哥特式
建筑的设计理念因此被应用于遍布英国各地的数百座教堂，以及温
莎城堡这样的世俗建筑。

　　1834 年，原先的老威斯敏斯特宫被大火烧毁后，当时的人们
达成共识，作为替代的新建筑必须在延续老威斯敏斯特宫传统的基

础上，象征英国宪法精神的新理念。新建的议会大厦由此成了英国哥特复兴时代的杰作，体现了英国议会权力与被认为同样起源于日耳曼部族时代的英国君主制度二者的均衡。

　　这座建筑的整体设计出自查尔斯·巴里[1]之手，同时还受到奥

---

[1]　Charles Barry，19 世纪英国著名建筑师。

古斯塔斯·普金（Augustus Pugin），也就是大本钟的设计者相关理念的影响。奥古斯塔斯·普金是当时建筑设计领域主张恢复中世纪哥特式建筑设计理念的领军人物，认为建筑是道德思想、社会价值等精神元素的物化体现，同时他还认为中世纪建筑具有很多优越性。

> 毋庸置疑，恰恰是我们先辈的信仰、热情，诸如此类的元素互相结合，促使他们能够设计并修建出这些绝佳的造物，直到今天，仍在刺激着我们的想象力，引发着我们的钦慕之情。
>
> 这些建筑因最庄严的基督教信仰而建，为全世界独一无二的神而建。当这些闪耀着上帝荣光的建筑照耀人的头脑时，世人为信仰而狂热，释放自己的天赋，将自己奉献给上帝。
>
> 这些不久以前还在修建象征异端的大厦，毁灭信仰的人，却因信仰变得团结。他们因贪婪而被激起的对财富的劫掠，如今却让位于对宗教信仰的真情投入。
>
> 奥古斯塔斯·普金
> 《中世纪贵族建筑与当代同类建筑的对比或比较》

那个时代的很多人可能会觉得，奥古斯塔斯·普金对于中世纪教堂的赞颂可能有些言过其实（他本改宗了罗马天主教）。然而奥古斯塔斯·普金将哥特式建筑视为某种精神象征的观点，却得到了同时代很多批评家，包括《石头之美》(*The Stones of Venice*) 一书[1] 作者的认同。所有这些人都将历史视为灵感的源泉，同时还对持续进行的工业革命所引发的种种后果忧心忡忡。用奥古斯塔斯·普金的话来说，"建筑和人一样，我们都可以从它们身上发现两种优良品性，第一种优良品性就是做好自己的工作，同时在这个过程中心怀喜悦和感激之情"。

"哥特式建筑"这个概念最初包含贬义，被认为包含有六重意味，也可以说是六种精神元素，即野蛮、多变、自然主义、荒诞、刻板和冗繁。奥古斯塔斯·普金则认为具有多样性和先天不足的哥特式建筑，"是那些成天跟石头打交道的匠人们，生命力和自由天性的明证"。由此将所谓哥特式的自由与英国维多利亚时代，资本主义工业革命所带来的人性桎梏对立起来。

在奥古斯塔斯·普金、约翰·拉斯金等的推动下，哥特复兴运动从英伦三岛扩展到了欧洲大陆，以及英国的海外殖民地。1880年，科隆大教堂完工。此后，经奥古斯塔斯·普金之手设计的教堂，最远出现在了澳大利亚。伴随着 19 世纪末社会世俗化的进程，笼罩在哥特文化上的那层超自然神秘意味逐渐烟消云散。然而直到今

---

[1]　这本书的作者是约翰·拉斯金，19 世纪英国著名学者、作家和艺术家。

天，新的哥特式建筑还在不断修建当中。这些建筑中的多数依旧具有宗教用途，不过"哥特式"作为一种建筑风格，却不再占据哥特复兴黄金时代的主导地位。

相比风光不再的哥特式建筑，哥特文学（Gothic literature）对世界的影响，或许还要更加深远。说起"哥特文化"（Gothic culture）这个概念，我们马上就会遭遇定义方面的危机。单从文学角度来说，"哥特"这个概念就具有多种含义，很难做一个简单的分类。然而，从18世纪末和整个19世纪哥特小说的勃兴中，我们还是能找到某些明确的蛛丝马迹。

所有这些哥特小说，全部以一种共同的历史想象为基础，尤其是关于中世纪历史的想象为基础。这种想象往往通过城堡和各种妖魔鬼怪形象得到呈现。作者的目的并非追求历史的精确，而是通过这些意象传达情感，营造氛围。除此之外，他们的想象中还包括某种超自然的力量，以及某种被禁止，或者说很危险的知识，包括血液循环理论、药物应用，以及以电力为代表的现代科学。

某些作家习惯将超自然力量视为无法解释的神秘现象，某些作家则总喜欢为这种现象寻找理性的解释，哥特文学持续的关注点却是挖掘人类内心，直面那些反常规现象的反应。正是这样的关注点构成了哥特式文学探究担忧、恐惧、性欲，以及其他被压抑欲望的心理学基础。恰恰是这些情感因素而非理性因素，带来了人的解放，同时也带来了危险。

哥特式文学可以被演绎为多种体裁，范围涵盖传统的恐怖小说和历史浪漫小说，最新的科幻小说以及其他文学形式。不过，哥特式文学最基础也是最重要的表达形式，还是小说。18 世纪，在诗歌仍旧被视为精英文学的同时，有赖于出版印刷技术和文学创作技巧的进步，通俗小说得到了广泛而迅速的传播。

女性逐渐成为这个领域最主要的受众，多位哥特小说家也都是女性，虽然当时的社会始终存在阅读此类小说可能引发女性道德堕落的担忧。基于类似的担忧，批评家指责哥特式文学过分迎合读者，诸如恐惧、淫荡等低级趣味，因此催生各种不道德和反宗教行为。

在那个各国革命风起云涌的时代，哥特小说很容易被贴上政治的、社会的以及反宗教的等各类标签。这为早就争议不断的哥特文化遗产增添了更多的矛盾因素。当然，某些人对哥特式文学抱有敌视态度，可能仅仅是希望通过打压别人的方式，保证自己在公众眼中的地位。

各类哥特小说中的杰出代表，当属发表于 1764 年的《奥特兰托城堡》。这部小说的作者是霍勒斯·沃波尔，也就是那个十五年以前，在草莓山为自己修建了哥特式城堡草莓之屋的人。作为一个汇聚了神秘预言、超自然现象、谋杀和缺陷人格等各类元素的中世纪故事，霍勒斯·沃波尔的小说体现了"哥特小说"定义中规定的诸多特征。不仅如此，他还通过编造谎言的方式，声称自己的小说不是当代作品，而是根据一位名叫"安阿波瑞·莫拉托"（Onuphrio Muralto）的中世纪修士留下的意大利语手卷翻译而来。这位修士据说是在位于奥特兰托的圣尼古拉大教堂（Church of St Nicholas）修行。小说第一版前言是这样写的：

> 这本书发现于英国北部，一个古代天主教家族的图书馆。1529 年，在那不勒斯以黑体字的形式印刷出版，问世后很快便销声匿迹。书中讲述的事件，被认为发生在基督教统治最黑暗的时代，不过这本书表现的语言和行为，却没有丝毫的野蛮气息，它使用的是纯正的意大利语。如果这本书的成书年代是在它所讲述事件刚刚发生的那个时期，那么这个时间段就应该在 1095—1243 年，也就是第一次十字军东征时期。就算稍微再晚一些的话，也不会差得太多。

1765 年，小说再版前言承认了霍勒斯·沃波尔才是这本书的作者，还给它加上了"一个哥特故事"的副标题。之后每次再版，都会同时使用这两篇前言。正如草莓山上的城堡是一座冒牌的哥特式建筑一样，早期哥特小说的问世，建立在一段编造的历史之上。这类文学形式的浮出水面，距离 1760 年詹姆斯·麦克佛森"莪相的诗"出现，仅仅过去了几年时间。

霍勒斯·沃波尔将小说的故事背景设定在中世纪的意大利。这个背景很容易让人将哥特人以及罗马帝国灭亡的历史联系起来。正如稍晚些时候的吉本由此受到启发，撰写《罗马帝国衰亡史》那样。只不过他在作品再版时，将副标题中"哥特式"这个概念的含义，更宽泛地界定为自由、建筑，还有过去、未来关系等内容。

作为舞台的中世纪古堡，在哥特小说中本身也是故事的一部分。这类作品以"哥特"的名义，包含的反抗现实精神，具体表现为故事结尾主导王朝更替的那种神秘力量。它还发明了很多此后哥特小说共有的文学元素，例如各类女性角色，面对极端环境的普通人等。以今天的视角来看，《奥特兰托城堡》不仅在它所处的那个时代广受欢迎，同时也是一种新文学形式大行其道的开始。从 18 世纪晚期到 19 世纪早期，哥特小说的创作数量出现激增。

安·拉德克利夫（Ann Radcliffe）作为第一位重要的女哥特小说家，代表作是发表于 1794 年的《奥多芙的神秘》（*The Mysteries of Udolpho*）。这部小说虽然再度运用了中世纪古堡，以及各种超自然力量等文学元素，作者却在故事中为所有这些元素最终提供了一个理性的解释。安·拉德克利夫真正的关注点，其实是剖析人的恐惧和神秘心理。

图 50 《理性妖怪的酣睡》，弗朗西斯科·何塞·德·戈雅—卢西恩特斯（Francisco Goya），1799 年，蚀刻画。这幅场景表现了早期哥特小说家对人内心恐惧的挖掘

　　更热衷营造恐怖气氛的作品，当属马修·刘易斯[1]发表于1796年的《修道士》（The Monk）。这是一个集愚昧、强奸、谋杀为一体，将邪恶展现得淋漓尽致的可怕故事，因此被批评家冠以"淫秽"的恶名。从某种意义上来说，修道士迎合了法国大革命以后那个动荡年代读者们充满不安的精神世界，模糊了横亘在文明与野蛮之间的那道界限。安·拉德克利夫和马修·刘易斯两位作家间存在的反差，体现了哥特小说明显的多样性。作为对刘易斯《修道士》的回应，1797年，安·拉德克利夫创作完成了小说《修道士》。这个故事在讲述邪恶的同时，补偿性地为读者提供了一个光明也更欢快的结尾。

　　虽然哥特小说中那些标志性元素从建筑结构的布局到暴虐的族长，反复出现在不同的故事当中，简·奥斯汀[2]还是在撰写《诺桑觉寺》（Northanger Abbey）的过程中，对《奥多芙的神秘》给予了特别关注。这本小说完成于1798—1799年前后，首次出版却是在简·奥斯汀刚刚去世的1817年。

　　很可惜，简·奥斯汀去世的时间，恰好比或许是史上最伟大的早期哥特小说《弗兰肯斯坦》的问世，稍早一点。在玛丽·雪莱讲述的故事中，启蒙理性和现代科学的胜利导致维克多·弗兰肯斯坦

---

[1]　Matthew Lewis，1715—1818 年，英国小说家。

[2]　Jane Austen，英国女作家，《傲慢与偏见》的作者。

博士（Dr. Victor Frankenstein）希图通过人工创造生命的方式，扮演上帝的角色。这个介乎生命与死亡之间的怪物是由理性科学孕育出来的超自然产物，敏感的内心掩盖在丑陋的外表之下。

又过了一代人的时间，科学的滥用以及人性的善恶并存主题，在 1886 年史蒂文森（Robert Louis Stevenson）创作的小说《化身博士》[1]中，得到了进一步发掘。这部小说通常被解读为在苏格兰人内心，凯尔特和英格兰两种民族性格并存的某种隐喻。这之后的1897 年，19 世纪最后一部重要的哥特小说与世人见面，它就是布莱姆·斯托克的《德古拉》。

一直以来，故事中的吸血鬼伯爵往往被解读为资本主义过度发展的背景下，终极消费者的象征，也是英国正在遭受外国“污染”的隐喻。这位伯爵在历史上还有据可查，他的原型部分出自 15 世纪的瓦拉基王子弗拉德（Wallachian prince Vlad the Impaler），部分则出自某些更古老的人物形象[2]。

吸血鬼传说最早从欧洲巴尔干地区传入英国，《德古拉》的家

---

[1] *the Strange Case of Dr Jekyll and Mr Hyde*，国内已有多个中文版本引进，又译《海德先生》，因为这部小说，**Mr Hyde** 在英语中成了一种固定说法，代指具有双重性格的人。

[2] 吸血鬼在欧洲本身就是个相当古老的传说，发源地在中东欧地区，读者可参考克罗德·勒库德《吸血鬼的历史》。

乡特兰西瓦尼亚[1]则位于哥特人主导的辛塔德莫尔斯—切尔尼科夫文化所属区域的边缘地带。按照乔纳森·哈克[2]日志里的说法，布莱姆·斯托克的创作直接或间接借鉴了约达尼斯《哥特史》，德古拉因此以自己拥有古代斯堪的纳维亚人、日耳曼人和匈人的血统为荣。

我们塞凯伊人[3]有权自傲，因为我们的血管里流淌着众多英勇种族的血液。为了领地，他们如狮子般的战斗。这里，置身欧洲不同种族混杂形成的旋涡当中，来自冰岛的乌戈尔部族拥有雷神托尔[4]和主神沃丁[5]赐予的尚武精神。当年的这些狂暴战士[6]在横扫欧洲沿海地区，是的，还有亚洲和非洲沿海地区时，展现了这种尚武精神，以至于当地土著种族感觉仿佛是"狼人"来了。

狂暴战士来到这里，遇到了匈人。匈人打仗的架势，如同野火燎原。那些面对他们，岌岌可危的种族，以为这些对手的

---

[1]　Transylvania，位于今罗马尼亚。

[2]　Jonathan Harker，《德古拉》中的人物。

[3]　Szekelys，匈牙利人的一个分支，自称匈奴王阿提拉的后裔。

[4]　Ugric tribe，欧洲古代民族，发源于北欧地区，现在的匈牙利人多数具有乌戈尔血统。

[5]　Thor，北欧神话人物，电影《雷神》的原型人物。

[6]　Wodin，北欧神话的主神，本书前面提到的主神奥丁的别称。

血管中，流淌着那些古代巫师的血液。那些巫师因此受到驱逐，被迫逃亡，他们在荒漠中与恶魔交配。

傻瓜！傻瓜！你见过匈奴王阿提拉那样了不起的恶魔或者巫师吗？他的血管里到底流淌着谁的血液。

20世纪初，联系小说《德古拉》与哥特人历史的那根纽带正在不断变细，"哥特宪法"在英国人知识结构中的重要地位在相应下降，建筑领域哥特复兴的高潮期也已成为过去。公众哥特想象的焦点，如今已经转移到借助早期哥特小说中的心理学透视和超自然故事获取新的灵感。这种"哥特想象"更多的是文化方面，而非政治方面的，这与全球化程度不断提高背景下，人类正在形成的那套普世价值相适应。最终通过电影、音乐和流行时尚的形式加以表达，就像人们曾经通过文字的方式表达这种文化想象一样。与此同时，哥特文化想象包含的张力矛盾，也就是文明与野蛮，自由与颠覆的二元对立关系，仍然存在。

电影的发展，为哥特文化想象的传达，提供了理想的新形式。很多哥特小说被改编为剧本，搬上舞台。电影在烘托超自然神秘气氛、模糊想象与现实界限方面，能够发挥更具创造性的特殊作用。

1931年，《弗兰肯斯坦》和《德古拉》同时被改编为电影，分别由波利斯·卡洛夫（Boris Karloff）饰演人造怪物，贝拉·卢戈西（Bela Lugosi）饰演吸血鬼伯爵。这两部电影上映后，自然而然又被不断翻拍。较早期的版本有 1950 年代至 1970 年代，翻拍的电影，较近一些的版本则有 1992 年的《布莱姆·斯托克的德古拉》（*Bram Stoker's Dracula*），1994 年《玛丽雪莱的弗兰肯斯坦》（*Mary Shelley's Frankenstein*）。与此同时，吸血鬼和狼人两个神话形象，还借助 2003—2012 年拍摄的《黑暗世界》（*the Underworld*）与 2009—2012 年拍摄的《暮光之城》（*The Twilight Saga*）两部系列电影，演起了对手戏。

哥特文化元素散布在体裁不断拓展的恐怖电影当中。此类电影仅仅试图以中世纪为背景，强化一种历史的恐怖气氛，引发观众的恐惧心理，而不再追求社会和道德方面的某种复兴。不过人物心理方面的复杂性，依旧被保留了下来。无论《弗兰肯斯坦》中的人造怪物，还是吸血鬼德古拉，在引发观众恐惧的同时也可以获得人们的些许同情。人类文化理论方面的每次变动，都可以为这些形象再解读提供某些新的基础性理论，例如社会性别[1]、性压抑等。

哥特式电影展现的黑暗想象，强烈的内心表达，从 1960 年代

---

[1] gender，生理性别（sex）是天生的，社会性别则是心理方面的，可以后天再选择，通俗地说，如果某位男性在心理上认为自己是女性，那他就可以被按照女性对待，这种理论的出现与西方社会对同性恋的日渐宽容相呼应。

图 51 贝拉·卢戈西饰演的德古拉，1931 年恐怖电影

末期开始又不断被硬摇滚乐队[1]视为灵感源泉。这方面的先行者，当属黑色安息日乐队（Black Sabbath）和爱丽丝—库伯乐队（Alice Cooper）。1970 年代晚期，出现了诸如哥特摇滚（Gothic rock）之

[1] hard rock bands，又称重摇滚。

类某些特征更加明确的文化现象。亦如早年间的哥特复兴，诸如苏克西女妖乐队（Siouxsie and The Banshees），1979 年发行唱片《贝拉·卢戈西之死》（*Bela Lugosi's Dead*）的包豪斯乐队（Bauhaus），以及治疗乐队（The Cure）等音乐团体，也是首先在英国生根发芽。与其他哥特文化想象类似，哥特摇滚的内在复杂性让世人很难对它做出一个概括性的定义，特别是对外行而言。

哥特音乐和其他很多哥特文化现象一样，能够从很多角度加以解读。它经常被描述为具有缺乏想象力的特征，也就是说，病态地执着于类似死亡、黑暗、沉重、颓废等命题。类似这样的解读，体现了以社会性别为视角，彻头彻尾的误读。

对那些不满足于仅仅聆听声音的人而言，哥特音乐是多变的，充满热情、庄严、优美、神秘主义、梦幻疑案、恐怖、暴力、痛苦、爱情、想象、色情、恐惧、狂喜、真实、罪恶、生命、疯狂和非理性。

哥特音乐经常被揪住某些阴暗面不放，仅仅是因为某些人的误读。这种音乐当然也不能被单纯描述为积极的，更恰当的说法是，它介于光明与黑暗之间，肯定与否定之间。

从艺术高度的角度来说，这种音乐的水准，超越了以往所有它得到的评价。

安德鲁·费雷迪[1]

1980 年代早期，恰恰是在哥特摇滚流行的背景下，现代哥特亚文化异军突起。这种形式多样同时却特征明显的文化模式，将过去与未来，以深黑、紫色和猩红色三种颜色杂糅的方式，加以融合。维多利亚时代的长裙可以跟皮夹克和高筒靴实现混搭。高筒帽，尖状发型，深色太阳镜，浓重的睫毛膏，刺青和身体穿孔，各类元素可以把人装扮得既有个性，同时又能体现群体特征。

相似的开放心态还扩展到性取向领域，以及魔法和宗教象征主义领域，最终无疑形成了一个空前绝后、非常具有包容性的文化群体。虽然批评家们仍在纠结"哥特"这个概念是否可以被用来定义某种亚文化，或者某个圈子，某种取向，某种协同运动。不过哥特亚文化极端个性化与强烈群体共性并存的二元悖论特征，却可以有助于我们理解，为什么这个文化圈子可以在全球化的范围内获得普遍接受和持续的生命力。同时还有助于我们理解，为什么"哥特"这个知识在地理学和语言学领域的自我构建方面，能够现出强大生命力。

哥特文化至今仍在扮演着他者（other）的角色，被赋予突破常

---

[1] Andrew Fereday，具体身份不详。

规束缚的自由意义。恰恰是由于这个原因，某些人始终将哥特文化视为某种危险。例如，1999 年发生的美国哥伦布高中枪击案（The Columbine High School Massacre），就被某些美国媒体错误地分析为受到哥特文化影响。2007 年，苏菲·兰卡斯特（Sophie Lancaster）在兰开夏遭到残忍强奸后离世，很多人就将其中的理由归结为她打扮得像个哥特人。

令某些人感到不解和恐惧的是，哥特文化还可以被视为个人自由和个人选择方面的重要代言。

通过多样且多变的表现形式，哥特文化反复对社会主流价值形成了某种挑战，同时也在这个过程中，迫使我们重新审视那些被认为"无须证明"的价值观念。挑战中蕴含的暴力性可能从历史上真实哥特人生活的时代，以及他们与罗马帝国建立起爱恨交融的共存关系时，便已经存在。然而为了不断改造世界，类似这样的矛盾关系却必须存在下去，以利于我们从历史中总结经验教训，从而更好地开创未来。

图 52　现代哥特时尚

后 记

21 世纪的哥特人和哥特文化

将近 2000 年的历史时光，在当今西方社会，那些所谓的现代哥特人与历史上颠覆罗马帝国的众多哥特部族之间，构建了一道鸿沟。初看起来，这道鸿沟无法被跨越。

对古典世界崩塌，中世纪兴起这段历史感兴趣的学者们，将西哥特人和东哥特人当作研究对象。哥特式教堂则受到旅游者的膜拜，同时还被建筑专业的学生们奉为圭臬。与此同时，大量读者仍旧痴迷创作于 19 世纪的哥特小说，以及受这些小说启发拍摄而成的电影。

当代哥特文化是个包容性极强的"磁场"，可以吸引那些心向往之的同道之人，可以吸引那些仅仅为了满足好奇心的看客，甚至可以吸引对它心存疑虑的局外人。对不同人而言，"哥特"这个知识具有不同的含义。以至于我们会怀疑，本书穿越数千年历史时光，在历史上众多以"哥特"为名的社会文化现象间，寻找规律和联系的努力，是否真有意义？

毋庸置疑，哥特人历史的厚重感，哥特文化遗产的多样性，赋予了当代哥特文化独一无二的重要特征。无论我们是对古代哥特部族大迁徙的历史或者中世纪建筑感兴趣，还是痴迷当代音乐和流行文化，每当"哥特"这个词进入公众的视野，过去和现在便被联系了起来。

针对哥特人历史文化解读方面存在的悖论，也就是说，既将他们视为自由精神的传播者，同时也将他们视为文明的破坏者，不断在政治领域引发争议。相应地，文化领域又会产生连锁反应，最终催生了现代哥特文化。每代人都会对哥特人做出再解读，最终为己所用。"哥特"这个知识包含的复杂性能够让它为各方所用，同时又不致丧失自身的独特性。

人们对哥特人的理解随时代变化而变化，从而让这种知识能够不断被用于政治变革、社会性别[1]，乃至反种族歧视领域。直到最近这些年，它超越西方地域局限，变成了一种货真价实具有全球影响力的文化现象。

时至今日，对于"哥特"这个知识，仍然没有一个放之四海皆准的定义。即便在瑟文吉和格鲁森尼哥特人首次进入罗马帝国以后没多久的时代，当时的人们其实也拿不出这样的定义。即便如此，我们对于"哥特"的认识仍然存在几条最基本的底线。

哥特这个知识，往往同时纠结着文明和野蛮的双重含义，意味着社会责任和个人权利的矛盾。总而言之，围绕这个话题的争论，同我们围绕"何为人性"这个话题引发的争论一样古老。尤其是当"哥特"这个知识可以被矛盾的双方，或者说"我们"和"他们"同时加以利用时，世人便可以意识到，某些问题之间的界限多么容

---

[1]　原文为 changing gender roles，自由选择和更改社会性别是女权主义的核心诉求之一。

易被人为模糊掉。

围绕"哥特"的争论，能够将哥特人和他们的文化加以妖魔化。同时也可以对旧有的理念形成挑战，引领我们的社会朝着新的更激动人心的方向前进。通读本书您就会发现，"哥特人"过去其实一直都在扮演着这样的角色，将来必然还将继续扮演下去。

历史上真实的哥特人早已渐行渐远，他们留下的文化遗产却已深入人心。从这个角度来说，哥特文明很难被冠之以"失落"两个字。

拓展阅读

有关哥特人的参考资料

那些希望进一步了解哥特人历史的读者，可以参考 P. Heather 的 The Goths (Oxford, 1996)。关于日耳曼人大迁徙，以及中世纪早期日耳曼民族演化的资料，近期的著作包括：W. A. Goffart, *Barbarian Tides: The Migration Age and the Later Roman Empire* (Philadelphia, pa, 2006), G. Halsall, *Barbarian Migrations and the Roman West, 376–568* (Cambridge, 2007) and P. Heather, *Empires and Barbarians: Migration, Development and the Birth of Europe* (London, 2009)

有关哥特文化的参考资料

关于这段宏大历史，理想的阅读起点是 N. Groom, *The Gothic: A Very Short Introduction* (Oxford, 2012)。更进一步的参考资料还包括 R. Davenport-Hines, *Gothic: Four Hundred Years of Excess, Horror, Evil and Ruin*

(London, 1998), and there are an array of valuable articles in D. Punter, ed., *A New Companion to the Gothic* (2nd edn, Chichester, 2012) and G. Byron and D. Townshend, eds., *The Gothic World* (London, 2013)。

第 1 章　从传说到历史

关于早期哥特历史，以及这个领域研究面临的众多问题，在 *P. Heather, Goths and Romans, ad 332–89 (Oxford, 1991)* 和 *M. Kulikowski, Rome's Gothic Wars: From the Third Century to Alaric (Cambridge, 2007)*，这两本书中都有论及。有关乌尔菲拉大主教，还有哥特人备受争议的"阿利乌派"宗教信仰，可参考 G. M. Berndt 和 R. Steinacher, eds. 撰写的 *Arianism: Roman Heresy and Barbarian Creed* (Farnham, 2014)。围绕亚德里亚堡之战发生的相关事件，在 N. Lenski 的 *Failure of Empire: Valens and the Roman State* (Berkeley, ca, and London, 2002) 中多有描述。

C. C. Mierow (Princeton, nj, 1915) 翻译的约达尼斯《哥特史》，网上可以免费获得。其他材料可参考 W. A. Goffart, *The Narrators of Barbarian History (ad 550–800): Jordanes, Gregory of Tours, Bede* 和 *Paul the Deacon* (Princeton, nj, 1988)。很多关于辛塔德莫尔斯—切尔尼科夫文化时期的考古成果还未公开发表，不过 P. Heather 和 J. Matthews 的 *The Goths in the Fourth Century* (Liverpool, 1991) 中却有部分重要介绍。这本书还包含了很多关于乌尔菲拉大主教和哥特版《圣经》的介绍。

马塞林《功业录》最好的译本出自 W. Hamilton 之手，由 *Penguin Books* (London, 1986) 出版。

第 2 章　亚拉里克大帝和罗马帝国的崩溃

Heather 的 *Goths and Romans*，还有 Kulikowski 的 *Rome's Gothic Wars* 两本书，在他们对哥特早期历史的讲述中，详细介绍了亚拉里克大帝的生平。要想了解罗马方面，亚拉里克大帝主要对手的信息，可参考 Hughes 的 *Stilicho: The Vandal who Saved Rome* (Barnsley, 2010)，以及 A. Cameron 的 *Claudian: Poetry and Propaganda at the Court of Honorius* (Oxford, 1970) on Stilicho's panegyrist。动手阅读 *Augustine's City of God*，了解他对哥特人攻陷罗马的态度以前，最好参考阅读 P. Brown 的 集大成之作 *Augustine of Hippo* (revd edn, London, 2000)。

忒弥修斯的《演讲稿》，在 P. Heather 和 D. Moncur 的 *Politics, Philosophy, and Empire in the Fourth Century: Select Orations of Themistius* (Liverpool, 2001) 中有配注解的翻译。the Loeb Classical Library (Cambridge, ma, 1922) 出版的 M. Platnauer 翻译的克劳迪安的诗歌，还有 *Zosimus' New History* (W. Green and T. Chaplin, London, 1814)，都可以可以网上浏览。

关于圣杰罗姆和圣奥古斯丁的材料，已有大量翻译，非常容易通过搜索早些年的基督教网页获得。

第 3 章　新的世界秩序

围绕西罗马帝国命运的争论已经延续了若干世纪，近期这方面比较好的总结性材料有 P. Heather, *The Fall of the Roman Empire: A New History* (London, 2005) 和 B. Ward-Perkins, *The Fall of Rome and the End of Civilization* (Oxford, 2005)。关于

阿萨尔夫同罗马公主加拉·普拉西提阿的联姻，可参考随后问世的传记 H. Sivan, *Galla Placidia: The Last Roman Empress* (Oxford, 2011)。J. Drinkwater 和 H. Elton 等的 *Fifthcentury Gaul: A Crisis of Identity?* (Cambridge, 1992) 则对西哥特王国的复杂历史有详细讲述。这方面最主要的信息来源，则是 J. Harries, *Sidonius Apollinaris and the Fall of Rome, ad 407–485* (Oxford, 1994)。关于"上帝之鞭"，匈奴王阿提拉的历史意义，可参考 C. Kelly, *Attila the Hun: Barbarian Terror and the Fall of the Roman Empire* (London, 2008)。

本书引述的奥罗修斯著作片段翻译，出自 A. T. Fear, *Orosius: Seven Books of History against the Pagans* (Liverpool, 2010)。已经失传的 *Olympiodorus of Thebes* 残本，在 R. C. Blockley, *The Fragmentary Classicising Historians of the Later Roman Empire* (2 vols, Liverpool, 1981–3) 中多有收录。W. B. Anderson (Cambridge, ma, 1936) 翻译，the Loeb Classical Library 出版的圣希多尼乌斯·阿波黎纳里斯的书信和诗歌，还有 E. M. Sanford (New York, 1930) 翻译的萨尔

维安《论神的统治》，网上都可以免费浏览。

第 4 章　西哥特和东哥特

本书提及的众多一般性历史类著作，对意大利东哥特王国和西班牙西哥特王国的历史，都有所介绍。希望对东哥特历史做进一步专门研究的作者，可参考 J. Moorhead, *Theoderic in Italy* (Oxford, 1992)，P. Amory, *People and Identity in Ostrogothic Italy, 489–554* (Cambridge, 1997)。关于西哥特历史，可参考 R. Collins, *Visigothic Spain, 409–711* (Oxford, 2004) 和 R. L. Stocking, *Bishops, Councils, and Consensus in the Visigothic Kingdom, 589–633* (Ann Arbor, mi, 2000)。

关于西奥多里克大帝的主要历史信息，可参考 S.J.B. Barnish, *Cassiodorus: Selected Variae* (Liverpool, 1992) 和 *The Anonymous Valesianus, The History of King Theoderic in the third volume of J. C. Rolfe's translation of Ammianus Marcellinus for the Loeb Classical Library* (Cambridge, ma, 1939)。the Loeb Classical Library 也出版过有关普罗柯比的《战记》，译者为 H. B. Dewing (5 vols, Cambridge, ma, 1914–28)。Penguin Classics 则出版了 V. Watts 翻译的波爱修《哲学的慰藉》(revd edn, London, 1999)。

L. Thorpe (Harmondsworth, 1974) 翻译的圣格雷戈里《法兰克人史》已由 Penguin Classics 出版，这本书对曾经统治高卢的西哥特人，持有强烈的敌意。多数关于西哥特王国的英文材料，在 A. T. Fear, *Lives of the*

Visigothic Fathers (Liverpool, 1997) 和 K. B. Wolf, *Conquerors and Chroniclers of Early Medieval Spain, 2nd edn* (Liverpool, 1999) 中都有收录。后一本书还收录了圣依西多禄的 *History of the Kings of the Goths and The Chronicle of Alfonso III*。S. A. Barney et al., 翻译的圣依西多禄《哥特国王和词源的历史》，还包含对作者的详细介绍过。

第 5 章　从文艺复兴到宗教改革

与本章内容有关的详细资料，多数都可以在 P. Frankl, *The Gothic: Literary Sources and Interpretations through Eight Centuries* (Princeton, nj, 1960) 和 F. L. Borchardt, *German Antiquity in Renaissance Myth* (Baltimore, md, 1971) 中找到。

C. C. Mierow 翻译的弗莱辛的奥托《双城史》(republished by Columbia University Press, New York, 2002) ，配有详细注解。关于日耳曼史诗的历史背景和具体作品，可参考 E. R. Haymes, *The Nibelungenlied: History and Inter pretation* (Urbana, il, 1986) 。E. Cochrane, *Historians and Historiography in the Italian Renaissance* (Chicago, IL，1985) 则对文艺复兴时代的学者群体，有详细研究。关于瓦萨里《名人传》，可参考 L. Cheney, *Giorgio Vasari's Prefaces: Art and Theory* (New York, 2012) 。宗教改革时代，德国人对哥特人的态度问题，在 S. Brough, *The Goths and the Concept of Gothic in Germany from 1500 to 1750: Culture, Language, and Architecture* (Frankfurt am

Main, 1985) 中多有介绍。

莎士比亚戏剧引文出自 *The Oxford Shakespeare: Titus Andronicus, edited by E. M. Waith* (Oxford, 1984)。这方面内容，P. C. Kolin, ed., *Titus Andronicus: Critical Essays* (New York and London, 1995) 中也收录了很多有意思的材料。要想进一步了解莎士比亚，还可参考 J. Drakakis and D. Townshend, eds., *Gothic Shakespeares* (Oxford, 2008)。

第 6 章　野蛮的自由

了解《圣经》及古典时代文化，对后世理解哥特人产生的影响，可大致参考 R. Rix, *The Barbarian North in Medieval Imagination: Ethnicity, Legend, and Literature* (New York, 2015)。西哥特人对西班牙历史的重要深远影响，在 J. N. Hillgarth, *The Visigoths in History and Legend* (Toronto, 2009) 中有总结性的专业介绍。

收复失地运动时代，以及西班牙黄金时代出现的各种与哥特人有关的传说，可参考 P. Linehan, *History and the Historians of Medieval Spain* (Oxford, 1993) 和 R. L. Kagan, *Clio and the Crown: The Politics of History in Medieval and Early Modern Spain* (Baltimore, md, 2009)。关于瑞典对哥特文化遗产的接受，可参看 K. Johannesson, *The Renaissance of the Goths in Sixteenthcentury Sweden, trans. J. Larson* (1982, Berkeley and Los Angeles, ca, 1991) on the brothers Johannes and Olaus Magnus，还有 G.

Eriksson, *The Atlantic Vision: Olaus Rudbeck and Baroque Science* (Canton, ma, 1994)。

对于英国正面吸收哥特文化的研究，最经典的著作仍然是 S. Kliger, *The Goths in England: A Study in Seventeenth and Eighteenth Century Thought* (Cambridge, ma, 1952)。此外还有 R. J. Smith, *The Gothic Bequest: Medieval Institutions in British Thought, 1688– 1863* (Cambridge, 1987)。威廉·卡姆登和理查德·费斯特根两人的研究成果，G. Parry, *The Trophies of Time: English Antiquarians of the Seventeenth Century* (Oxford, 2007) 多有介绍。了解爱德华·吉本的伟大著作，则可参考 R. Potter, *Edward Gibbon: Making History* (London, 1988)。

第7章 为哥特而战

P. J. Geary, *The Myth of Nations: The Medieval Origins of Europe* (Princeton, nj, 2002) 可网上浏览，本章提到的内容，多数都有涉及。关于哥特文化对法国大革命思想理念的影响，可参考 K. M. Baker, *Inventing the French Revolution: Essays on French Political Culture in the Eighteenth Century* (Cambridge, 1990)。关于 19 世纪西哥特文化遗产在西班牙的影响，同样可参考 J. N. Hillgarth, *The Visigoths in History and Legend* (Toronto, 2009), and for a broader view G. Pasamar, *Apologia and Criticism: Historians and the History of Spain,* 1500– 2000 (Oxford, 2010)。

18 世纪和 19 世纪，英国人在探讨哥特文化的过程中，日渐增强的国家主义和帝国主义倾向, 在 C. Kidd, *British Identities before Nationalism: Ethnicity and Nationhood in the Atlantic World, 1600–1800* (Cambridge, 1999), P. Brantlinger, *Rule of Darkness: British Litera ture and Imperialism, 1830–1914* (Ithaca, ny, 1988) 和 H. A. MacDougall, *Racial Myth in English History: Trojans, Teutons and AngloSaxons* (Montreal, 1982) 中均有所体现。

关于美国人对这些理念的吸收, 可参考 R. Horsman, *Race and Manifest Destiny: The Origins of American Racial AngloSaxonism* (Cambridge, ma, 1981)。关于美国的哥特小说, 可参考 T. A. Goddu, *Gothic America: Narrative, History, and Nation* (New York, 1997)。

德国人过去若干世纪中针对哥特文化的态度, 以及由此推动德国统一的内容, 在 P. Frankl, *The Gothic: Literary Sources and Interpretations through Eight Centuries* (Princeton, nj, 1960) 和 W. D. Robson-Scott, *The Literary Background of the Gothic Revival in Germany* (Oxford, 1965) 均有所涉及。格林兄弟《格林童话》已有 D. Ward (Philadelphia, pa, 1981) 的英译本。关于 Wagner, 以及他和日耳曼民间传说的关系, 可参考 D. Cooke, *I Saw the World End: A Study of Wagner's Ring* (Oxford, 1979) and E. Magee, 瓦格纳 and the Nibelungs (Oxford, 1990)。纪念德国统一的众多国家级纪念馆, 在 G. L. Mosse, *The Nationalization of the Masses: Political Symbolism and Mass Movements in Germany from the Napole onic Wars through the Third Reich* (New York, 1975) 中有详细介绍。关于不幸被希特勒用作纳粹主义理论基础的

印欧语系理论，可参考 L. Poliakov, *The Aryan Myth: A History of Racist and Nationalist Ideas in Europe* (London, 1974)。

第 8 章　哥特文化

关于历史上真实哥特人创建的文化体系，本部分第 4 章已开列相关参考资料。关于中世纪西方哥特文化，可参考 F. Deuchler, *Gothic* (London, 1989) 和 D. Pearsall, *Gothic Europe, 1200–1450* (Harlow, 2001)。相关英文材料，可重点参考 P. Binski, *Becket's Crown: Art and Imagination in Gothic England, 1170–1300* (New Haven, ct, 2004) 和 R. Marks and P. Williamson, eds., *Gothic: Art for England, 1440–1547* (London, 2003)。

从瓦萨里到克里斯托弗·雷恩，等不同学者对于哥特式建筑的理解，可参考 P. Frankl, *The Gothic: Literary Sources and Interpretations through Eight Centuries* (Princeton, nj, 1960)。关于 18 世纪以来，英国国内重新兴起的哥特热，可参考 C. Brooks, *The Gothic Revival* (London, 1999) 和 R. Hill, *God's Architect: Pugin and the Building of Romantic Britain* (London, 2007)。

有关哥特小说的研究专著数量众多，读者可以从 C. Bloom, *Gothic Histories: The Taste for Terror, 1764 to the Present* (London, 2010) 入手。这方面的论文，集中收录在 J. E. Hogle, ed., *The Cambridge Companion to Gothic Fiction* (Cambridge, 2002)，不过阅读此类材料并不能替代直接阅读小说原著。同样的道理也适用于哥特式电影和音乐领域，相关材料可参考 J. Bell, ed., *Gothic: The Dark Heart of Film* (London, 2013) *and M. Mercer, Gothic Rock* (Birmingham, 1991)。

最后，面对琳琅满目的现代哥特文化研究，读者可参考 P. Hodkinson, *Goth: Identity, Style, and Subculture* (Oxford, 2002)，D. Brill, *Goth Culture: Gender, Sexuality and Style* (Oxford, 2008)，N. Scharf, *Worldwide Gothic: A Chronicle of a Tribe* (Church Stretton, 2011) 和 C. Roberts, *Gothic: The Evolution of a Dark Subculture* (London, 2014) 等。

致 谢

任何一本论域宽广的历史学著作问世，不可避免地意味着欠下若干笔人情债。我要向我的朋友、同事和学生们表达诚挚的谢意，他们在哥特人及哥特文化遗产的资料收集方面，为我提供了不同形式的帮助。同时，我还要感谢家人的鼓励和支持。

感谢伦敦大学皇家霍洛威学院（Royal Holloway）批准我的学术休假请求，从而让我能够从容完成本书的写作。特别感谢塞巴斯提安·巴拉尔（Sebastian Ballar）在本书收录地图编辑方面的杰出工作，最后感谢瑞科图书（Reaktion Books）的本·海斯（Ben Hayes）在本书出版过程中的耐心指导和支持。

图片提供鸣谢

本书作者和出版方，希望向下列为我们提供图片资源并允许我们复制使用的各方表达谢意。部分图片的出处，本书作者随后将有专门介绍。

本书作者和出版方已竭尽全力，联系各位图片版权持有者。因各种缘由无法取得联系，及本书提供信息不全面或不准确的图片版权持有人，可与我们取得联系，本书再版时，将做出相应的补救工作。

published this online under the conditions imposed by cca Share Alike 2 generic licence; Rama, the copyright holder of the image on p. 171 has published this online under the conditions imposed by cca Share Alike 2.0 France licence; Streifengrasmus, the copyright holder of the image on p. 145 has published this online under the conditions imposed by a cca Share Alike 2.5 Generic Licence; Cleo20, the copyright holder of the image on p. 46; Jakob Hulan, the copyright holder of the image on p. 93; Berig, the copyright holder of the image on p. 118; Mschlindwein, the copyright holder of the image on p. 156; and Chiswick Chap, the copyright holder of the image on p. 160, have published these online under the conditions imposed by a cca 3.0 Unported Licence; Alchetron, the copyright holder of the image on p. 107, has published this online under the conditions imposed by a CC BY—SA 3.0 Licence.

读者的免费权利：

1.通过复制、发布和传播等方式分享本书收录的图片。

2.对本书收录图片进行再编辑。

享受免费权利的前提：

1.使用图片时注明作者或版权持有者，但这并不意味着他们已经授权您使用这些图片。

2.如果你对本书图片做出了修改、剪辑和重新编辑，发布最终处理完成的图片时，也应遵守相同或相似的条款。

重要译名对照

阿波利纳努沃大教堂	Sant' Apollinare Nuovo
阿尔巴尼亚	Albania
阿尔卑斯山	Alps
阿尔勒	Arles
阿拉勃斯	Alarbus
阿奇坦亚	Aquitania
阿斯图里亚斯	Asturias
阿陶尔夫	Athaulf
埃德蒙·柏克	Edmund Burke
埃涅阿斯	Aeneas
艾伦	Aaron the Moor
爱德华·吉本	Edward Gibbon
爱尔兰	Ireland
爱伦坡	Edgar Allan Poe
安·拉德克利夫	Ann Radcliffe

彼特拉克	Francesco Petrarca or Petrarch
俾斯麦	Otto von Bismarck
波爱修	Boethius
波尔多	Bordeaux
波兰	poland
波利多尔·维吉尔	Polydore Vergil
波利斯·卡洛夫	Boris Karloff
波罗的海	Baltic
波罗的海	the baltic sea
波洛修斯	Berosus
波斯帝国	the Persian empire
伯利恒	Bethlehem
勃艮第公主克里姆希尔特	the Burgundian princess Kriemhild
博林布鲁克子爵	Viscount Bolingbroke
布莱姆·斯托克	Bram Stoker
草莓山	Strawberry Hill
查尔斯·巴里	Charles Barry
查理曼大帝	Charlemagne
查士丁尼一世	Justinian
达·芬奇	Leonardo da Vinci

大本钟	Big Ben
德基乌斯	Decius
德涅斯特河	the river Dniester
狄奥多西一世	Theodosius I
狄米特律斯	Demetrius
狄特里希·冯·伯尔尼	Dietrich von Bern
迪亚戈·德·瓦勒拉	Diego de Valera
东哥特人	Ostrogothic
顿河	the don river
多那太罗	Donatello
多瑙河	Danube river
放山修道院	Fonthill Abbey
菲利莫首领	king filimer
菲利普二世	Philip II
菲罗斯托尔吉乌斯	Philostorgius
腓特烈一世	Frederick Barbarossa
斐迪南大公	Archduke Franz Ferdinand
佛朗哥	General Franco
佛罗伦萨	Florence
弗拉维奥·比昂多	Flavio Biondo

弗拉维斯·埃蒂乌斯	Flavius Aetius
弗莱辛的奥托	Otto of Freising
弗朗索瓦·布隆德尔	François Blondel
弗朗西斯科·德·戈维多	Francisco de Quevedo
弗朗西斯科·马丁内斯·玛丽娜	Francisco Martínez Marina
甘瑟	Gunther
哥伦布	Columbus
歌德	Johann Wolfgang von Goethe
歌篾	Gomer
格拉纳达	Granada
格林兄弟	Grimm Brothers
瓜达莱特	Guadalete
哈根	Hagen
哈瑙	Hanau
海因里希·潘塔莱昂	Heinrich Pantaleon
含	Ham
汉尼拔	Hannibal
荷马	Homer
赫尔德	Herder
黑格尔	Friedrich Hegel

西西里岛	Sicily
西锡厄	Scythia
希特勒	Hitler
熙德 El	Cid
先知穆罕默德	Prophet Muhammad
香槟省	Champagne
新天鹅堡	Neuschwanstein Castle
匈奴王阿提拉	the greatest Hun of all: Attila
匈人国王埃采尔	the eastern king Etzel of Hungary
匈牙利	Hungarian
叙利亚	syrian
雅弗	Japhet
亚得里亚海	the Adriatic
亚拉里克大帝	Alarich
亚拉里克二世	Alaric II
亚特兰蒂斯	Atlantis
伊比利亚半岛	Iberian Peninsula
伊庇鲁斯	Epirus
伊拉克	Iraq
伊朗	Iran